Reinhard K

Jesus braucht Kleinbauern

und solche, die es werden wollen

Vier-Türme-Verlag

Ob sie ihn verstehen werden mit seiner Kleinbauernsprache? Mit dem herzlichen Lachen, dem tiefen Ernst und dem augenzwinkernden Humor, wenn er seine Gleichnisse aus dem Landleben erzählt? – Dass Bauern ihn verstehen, war mir klar, Kleinbauern sowieso, und vielleicht, so dachte ich, auch der eine oder andere Großbauer, wenn er will. Aber Städter?

Ehrlich gesagt, ganz sicher war ich mir nicht. Auch die Leute im Verlag nicht. Die hatten sogar Sorge, ob ein Buch mit dem Titel JESUS FÜR KLEINBAUERN UND SOLCHE, DIE ES WERDEN WOLLEN überhaupt Interesse finden würde – über die Landbevölkerung hinaus. Ob man den Titel nicht ändern sollte, fragten sie mich.

Ich bin selbstverständlich standhaft geblieben. Wer auch nur ein kleines bisschen Kleinbauernblut in sich hat, der lässt sich von dem Grundsatz nicht abbringen: »Was innen drin ist, muss auch außen draufstehen!« An die Ziegenstalltür hätte doch mein Kleinbauernvater nie »Rinderoffenstall« geschrieben und meine Kleinbauernmutter auf die Kuhmilchkanne nicht »Landliebe«! So blieb es also bei dem Buchtitel, den ich vorgegeben hatte. Aber es blieb auch die Ungewissheit, wie die Städter reagieren würden ...

Es ist nun einmal so, der Sohn Gottes ist nicht einfach nur Mensch geworden – er ist Kleinbauer geworden, und zu Kleinbauern vor allem hat er gesprochen. In der Sprache eines Kleinbauern natürlich. Was Stadtmenschen wie Paulus und die Evangelisten von ihm überliefert haben, muss in seine Kleinbauernsprache zurückübersetzt werden, wenn die ursprüngliche Botschaft, seine Frohbotschaft über Gott und das Leben, die Menschen erreichen soll! – Ob nicht auch Städter, so beruhigte ich mich und die Leute im Verlag, im Grunde ein Kleinbauernherz haben, das diese Sprache versteht?

Dann kamen, kaum dass das Büchlein fertig war, die ersten Leserbriefe. Und tatsächlich: Auch sie haben ihm zugehört! Sie konnten sich einfühlen in ihn, sie fühlten sich von ihm verstanden, haben geschmunzelt und haben gelacht, sind still geworden und nachdenklich – wie die Leute damals in Galiläa! »Noch nie war mir Jesus so nahe wie in diesem Buch«, schrieb mir ganz gerührt eine Großstadtfrau, und in den vielen Zuschriften, die ich seitdem bekommen habe, drückten sich andere ähnlich aus.

Irgendwie hab ich's gewusst: Städter kriegen große Ohren, wenn wir vom Lande ihnen einmal sagen, wie Jesus wirklich geredet hat! Irgendwie wird da was in ihnen wach ...

Es kann ja eigentlich auch gar nicht anders sein. Schon damals in Galiläa und dann in den frühen Jahrzehnten der Christenheit hungerten die Städter nach dem Kleinbauernbrot, das Jesus den Menschen gab. Markus hat uns sogar eine Geschichte überliefert, die davon erzählt – die Geschichte

vom Hunger der Menschen nach Kleinbauernbrot

Zur Erinnerung: Markus ist der, der das älteste der vier Evangelien, die in der Bibel stehen, verfasst hat; ungefähr um das Jahr 70, vierzig Jahre nach Tod und Auferstehung Jesu. Er selbst hatte Jesus nicht mehr erlebt, aber er hat noch viele gekannt, die dabei gewesen waren, als Jesus seine Frohbotschaft verkündete. Von ihnen hat er sich alles, was damals geschehen war, erzählen lassen. Auch die Geschichte, die ich meine, hatte er von anderen gehört. Von Kleinbauern natürlich, von Leuten, die das, was sie weitererzählten, mit eigenen Augen gesehen und mit ihren eigenen Ohren gehört hatten. – Im Markusevangelium, im 6. Kapitel, liest sich ihre Erzählung so:

Die Apostel versammelten sich wieder bei Jesus und berichteten ihm alles, was sie getan und gelehrt hatten. Da sagte er zu ihnen: Kommt mit an einen einsamen Ort, wo wir allein sind, und ruht ein wenig aus. Denn sie fanden

nicht einmal Zeit zum Essen, so zahlreich waren die Leute, die kamen und gingen. Sie fuhren also mit dem Boot in eine einsame Gegend, um allein zu sein. Aber man sah sie abfahren, und viele erfuhren davon; sie liefen zu Fuß aus allen Städten dorthin und ...

Stopp! Bevor wir weiterlesen, die letzten Worte noch einmal: ... *sie liefen zu Fuß aus allen Städten dorthin.* Von Leuten aus der Stadt – wörtlich sogar: *aus allen Städten* – ist die Rede! (Worte und Sätze aus der Bibel schreibe ich wieder, wie schon im ersten Buch, in *Schrägschrift.*) Freilich, was hier *Städte* genannt wird, das waren dort am nordwestlichen Ufer des Sees Gennesaret, wo die Geschichte spielt, nicht gerade Großstädte, aber immerhin recht beachtliche, städtische Ortschaften – wie Kafarnaum und Magdala oder Betsaida zum Beispiel –, in denen Fischer, Fischpöklerinnen, Handwerker, Händler, Beamte und Schriftgelehrte lebten. Städter jedenfalls. Die kommen also in Scharen am See entlang zu Jesus gelaufen. – Weiter:

... sie liefen zu Fuß aus allen Städten dorthin und kamen noch vor ihnen an. Als er ausstieg und die vielen Menschen sah, hatte er Mitleid mit ihnen; denn sie waren wie Schafe, die keinen Hirten haben. Und er lehrte sie lange.

In diesen vier Zeilen ist schon alles gesagt über die Städter. Und über Jesus. Ganz ausgehungert sind sie gewesen, die Stadtleute; *wie Schafe, die keinen Hirten haben.* Vor lauter *Mitleid* konnte Jesus gar nicht anders, als sich ihnen zuzuwenden – auch wenn's ihm und den Aposteln die dringend nötige Ruhepause kostete! Evangelische Christen erkennen das beim Lesen oder Zuhören besonders deutlich, denn Martin Luther übersetzte an dieser Stelle: *... sie jammerten ihn,* und: *... er fing eine lange Predigt an.*

Ob Markus – auch er war ja, wie die anderen Evangelisten, ein Stadtmensch – solche Schafe schon einmal gesehen hatte, *Schafe, die keinen Hirten haben?* Wie sie da herumstehen auf dem abgegrasten Flecken, wie sie schon ganz kraftlos zittern vor Hunger und Durst, wie manche laut blöken mit letzter Kraft und dadurch die Herde erst vollends durcheinander bringen – bloß, weil der Hirte sie nicht weiterführt zum nächsten Weideplatz! Wahrscheinlich, weil der gerade mit etwas ganz anderem beschäftigt ist; vielleicht, weil ihm von seinem Oberhirten drei oder vier Schafherden auf einmal anvertraut worden sind, sodass er für keine richtig Zeit finden kann.

Die Leute in den griechischen Großstädten jedenfalls, für die Markus die Geschichte aufgeschrieben hat, kannten das Leid solcher Schafe wohl kaum. Woher auch! Deshalb haben dann Lukas und Matthäus, als sie ein paar Jahrzehnte später diesen Text aus dem Markusevangelium für ihre Großstadtgemeinden abgeschrieben haben, die Stelle mit den Schafen lieber gleich ganz weggelassen. Und die meisten Prediger, die diese Bibelstelle heute auslegen, wissen natürlich ebenfalls nicht, wie es solchen Schafen geht. Würden wir es ihnen einmal sagen, den Seelenhirten und den Oberhirten, dann würden sie vielleicht verstehen, warum Jesus mit diesen armen Wesen *Mitleid* hatte! Und warum Gott zu dem Entschluss gekommen ist:

Jetzt will ich meine Schafe selber suchen und mich selber um sie kümmern! ... Auf gute Weide will ich sie führen, im Bergland Israels werden ihre Weideplätze sein. Dort sollen sie auf guten Weideplätzen lagern, auf den Bergen Israels sollen sie fette Weide finden.

Ezechiel, ein Gottesmann aus dem sechsten Jahrhundert vor Christus, war es – Hesekiel nennen ihn die evangelischen Christen –, der dem Herzen Gottes diese Worte (34. Kapitel) ablauschte. Gott hat selbstverständlich sein Versprechen auch gehalten! Deshalb hat er ja Jesus in die Welt geschickt! Und zwar als einen Kleinbauern! – So, und nun wird's interessant:

Gegen Abend kamen seine Jünger zu ihm und sagten: Der Ort ist abgelegen, und es ist schon spät. Schick sie weg, damit sie in die umliegenden Gehöfte und Dörfer gehen und sich etwas zu essen kaufen können.

Er erwiderte: Gebt ihr ihnen zu essen!

Sie sagten zu ihm: Sollen wir weggehen, für zweihun-

dert Denare Brot kaufen und es ihnen geben, damit sie zu essen haben?

Er sagte zu ihnen: Wie viele Brote habt ihr? Geht und seht nach!

Sie sahen nach und berichteten: Fünf Brote, und außerdem zwei Fische.

Dann befahl er ihnen, den Leuten zu sagen, sie sollten sich in Gruppen ins grüne Gras setzen. Und sie setzten sich in Gruppen zu hundert und zu fünfzig.

Darauf nahm er die fünf Brote und die zwei Fische, blickte zum Himmel auf, sprach den Lobpreis, brach die Brote und gab sie den Jüngern, damit sie sie an die Leute austeilten. Auch die zwei Fische ließ er unter allen verteilen. Und alle aßen und wurden satt.

Als die Jünger die Reste der Brote und auch der Fische einsammelten, wurden zwölf Körbe voll.

Es waren fünftausend Männer, die von den Broten gegessen hatten.

Wie gesagt, das haben Kleinbauern erzählt. Natürlich ohne Punkt und Komma. Markus erst hat ja aus ihrer Rede eine Schreibe gemacht.

Mit Sicherheit hat Markus noch gewusst, was die Erzähler mit den *fünf Broten* und den *zwei Fischen* meinten. Das wussten damals noch alle Christen, zumindest diejenigen, die jüdischer Herkunft waren. *Fünf Brote und zwei Fische*, das war nämlich eine ganz bekannte Redewendung im Volk Israel: Die »fünf Brote« waren die fünf dicken Schriftrollen, die wir heute »die fünf Bücher Mose« nennen, der Hauptteil der alttestamentlichen Bibel, die TORA. Und »zwei Fische«, das war ein Bild für die vielen weiteren Schriften des Alten Testaments: Der eine Fisch stand für die Schriften der Propheten und der andere für die biblischen Geschichts- und Weisheitsbücher.

Ein sehr schönes Bildwort für die Bibel, finde ich. Bloß gut, dass ein paar Fachleute bei ihren Nachforschungen darauf gekommen sind! Sonst hätte auch ich nicht gewusst, wie wunderschön – und vor allem: wie noch immer aktuell! – diese Geschichte ist. Und ich hätte nicht gewusst, was ich der Frau hätte antworten sollen, die mir in ihrem Leserbrief folgende Frage stellte:

»Mal schreiben Sie von Bildgeschichten, die in die Evangelientexte eingeflossen sind. Kann es wohl auch so mit der ›wunderbaren Brotvermehrung‹ sein? Wie hören fünftausend Männer die Rede Jesu ohne Lautsprecher, und wo kommen am Ende die zwölf Körbe voll Broten her?«

Ich hab der Frau erstmal geschrieben, dass dieselbe Geschichte auch in den anderen Evangelien vorkommt. In allen vieren. Bei Markus selbst und bei Matthäus sogar zweimal, in der zweiten Version (bei Markus im 8., bei Matthäus im 15. Kapitel) nur mit etwas anderen Worten und Ausdrücken. Ich schrieb ihr das, damit sie weiß, wie wichtig den Frühchristen und den Evangelisten diese Erzählung war!

Dann hab ich ihr noch geschrieben, dass Matthäus, der die Geschichte aus dem Markusevangelium übernahm, zu den *fünftausend Männern* noch deren *Frauen und Kinder* hinzugefügt hat (14. Kapitel). Nur damit sie auch sieht, dass sie gar nicht so falsch liegt mit ihrer Frage nach der Lautsprecheranlage.

Und anschließend habe ich ihr natürlich mitgeteilt, was die *fünf Brote und zwei Fische* bedeuten. Dann nämlich, denke ich, ist gleich der Sinn der ganzen Geschichte klar:

Wenn Jesus den Menschen die *fünf Brote und zwei Fische* reicht, wenn er, der Kleinbauer aus Nazaret, die Bibel auslegt und über Gott und das Leben spricht, dann ist das wirklich Nahrung – für jeden: für Leute vom Dorf und für Leute aus der Stadt! Dann ist selbst Stadtleuten kein Weg zu weit und keine noch so *lange Predigt* zu lang! Sein Kleinbauernbrot gibt allen Menschen Kraft: *Alle aßen und wurden satt* – wie *Schafe auf fetter Weide*. Es bleiben sogar noch *zwölf Körbe voll* übrig, erzählen die Kleinbauern; genug also – das bedeutet die Zwölf in der Zahlensymbolik der Bibel – für die ganze Menschheit! Oder *sieben Körbe voll* nach der zweiten Version derselben Erzählung; die Sieben ist die Zahl, die in der Bibel symbolisch für Vollkommenheit und Fülle steht – also wirklich »vollkommenes« Brot: nahrhaftes Brot für alle.

Die Leute, von denen Markus die Geschichte herhatte, sprachen aber nicht nur von damals, als Jesus ihnen die Bibel auslegte. Nein, sie selbst hatten schon die gleiche Erfahrung gemacht!

Gebt ihr ihnen zu essen!

hatte ja Jesus zu ihnen gesagt, und das hatten sie beherzigt. Auch sie hatten die *fünf Brote und zwei Fische* verteilt und hatten weitererzählt, was sie bei Jesus über Gott und die heiligen Schriften gehört hatten. Auch sie hatten den Leuten nicht knochenharte, verschimmelte Brotkanten gegeben und Fische, die schon stinken, sondern Nahrung, die frisch war und satt machte! Brote und Fische, wie Jesus sie ihnen gegeben hatte: Gotteswort in der Kleinbauernsprache Jesu! Na, und dann hatten sie dasselbe erlebt wie Jesus: dass Stadtleute große Ohren kriegen ...

Und das ist heute noch so. »Ich habe das Buch«, schrieb mir eine städtische Klosterschwester, »mit großem Vergnügen gelesen und festgestellt, dass die Kleinbauernsprache direkter das Herz erreicht und ich sie besser verstehe als alle gelehrte Theologie.« Ein bisschen verlegen fügte sie noch hinzu: »Einige Male bin ich sogar ganz von selbst ins Sprechen gekommen mit Jesus, dem Kleinbauern!« – Und diese Frau, so weiß ich von ihr, hatte schon jahrzehntelang kein persönliches, innerliches Gebet mehr zustande gebracht! Warum? Weil man ihr von Kindheit an Angst gemacht hatte mit Gott. Zu einem Gott, vor dem man Angst haben muss, kann doch kein Mensch richtig beten! Klosterschwestern, die sehr viel beten, schon gar nicht! Und das reine Absolvieren ihrer Klostergebete hatte die Schwester natürlich auch nicht gerade glücklich gemacht. Es war richtig dunkel gewesen in ihrer Seele. Und nun war da endlich Licht ... – Was wollen wir mehr?!

Bleiben wir also dran! Er, der Kleinbauer gewordene Gottessohn, braucht uns! Gerade uns Kleinbauern, zu deren Vorfahren er nun mal zuerst gesprochen hat! Und mit dazu alle Stadtmenschen, die ihr Kleinbauernherz wiederentdeckt haben!

Dieser Meinung ist übrigens auch Herr S. Wir haben ihn ja schon im ersten Buch kennengelernt. Ein Städter. Auch einer mit einem Kleinbauernherzen. Als ich ihn in meinen Plan einweihte, vielleicht irgendwann einmal eine Fortsetzung von JESUS FÜR KLEINBAUERN zu schreiben, sagte er, freudig wie ein Schaf vor dem Austrieb, das *fette Weide* wittert:

»Es gibt ja bestimmt noch viel mehr von all dem weiterzuvermitteln, was Jesus gesagt hat und was erstmal nur Kleinbauern verstehen.« – Das hat mir natürlich Mut gemacht.

Ich habe ihm auch davon erzählt, dass sie im Verlag beim ersten Buch überlegt hatten, ob denn der Titel »Jesus für Kleinbauern ...« den Leserkreis nicht zu sehr auf die Landbevölkerung eingrenzen würde. Da hat Herr S. gelacht:

»Dann könnten sie ja«, sagte er, »den Fortsetzungsband mit unterschiedlichen Buchdeckeln ausliefern, eine Serie mit dem Titel ›Jesus für Akademiker‹ zum Beispiel und eine weitere mit dem Titel ›Jesus für Kosmonauten‹ ...«

Und als Herr S. dann am nächsten Tag, während eines Besinnungskurses, meinen Vortrag gehört hatte, in dem es um die Jungfräulichkeit in der Bibel ging, steckte er mir noch einen Zettel zu. Darauf stand:

»Nach Deinem heutigen Vortrag stelle ich mir vor, was wohl geschähe, wenn Du das Buch ›Jesus für Jungfrauen‹ nennen würdest!? Welch herrliche Möglichkeiten gäbe dies, das Missverständnis auf die Spitze zu treiben – und es wäre interessant, darüber zu spekulieren, ob die Verlagskonferenz diesen ›reißerischen‹ Titel als unmöglich oder als besonders verkaufsträchtig einschätzen würde.«

Herrn S. sitzt nämlich ganz schön der Schalk im Kleinbauernnacken! – Aber im Ernst: So arg daneben ist sein Vorschlag gar nicht! Einmal angenommen, ich würde dieses zweite Buch tatsächlich »Jesus für Jungfrauen« nennen, oder gar mit dem vollen Titel:

»Jesus für Jungfrauen –
und solche, die es werden wollen«

– dann würde ich gleich den Vortrag mit hineinschreiben können, bei dem Herr S. dabei war. Das wäre für die Leserinnen und Leser – falls es welche geben würde – vielleicht gar nicht so uninteressant.

Und wenn ich's mir recht überlege: Eigentlich passt das Thema »Jungfräulichkeit in der Bibel« sowieso ganz gut in dieses Buch hinein. Egal, was außen draufsteht. Als mir nämlich die eben genannte Klosterschwester schrieb, sie sei endlich mal wieder »ins Sprechen gekommen mit Jesus, dem Kleinbauern«, da habe ich mir fest vorgenommen, in diesem zweiten Jesus-für-Kleinbauern-Buch vor allem darüber zu schreiben, wie wir heute – wir selbst! – mit Jesus ins Gespräch kommen können; wie wir – auch wir heute! – ihm zuhören und von ihm etwas über das Leben mit Gott lernen können. Und das hat tatsächlich mit dem zu tun, was die Bibel über die »Jungfrauen« sagt.

Mit Dank an Herrn S. hier also mein Vortrag, in Kurzfassung natürlich und ohne Fremdwörter aus dem Katechismus:

Jungfrau, das ist in der Bibel ein Wort, mit dem Gottesmänner wie Jesaja, Jeremia und Amos – sie wirkten etliche Jahrhunderte vor Jesus – ihr Volk bezeichneten. Oder zumindest die Leute in den Orten, in denen sie gerade ihre Reden hielten. Sie sprachen sie sogar so an, mit *Jungfrau Jerusalem, Jungfrau Zion, Jungfrau Juda* oder *Jungfrau Israel.*

Das meinten sie selbstverständlich bildlich, denn so eine Stadt wie Jerusalem etwa oder der ganze Stamm Juda bestanden ja nicht nur aus Frauen, schon gar nicht nur aus Frauen, die noch nie etwas mit einem Mann gehabt hatten. Das Bildwort »Jungfrau« sollte den Leuten – ob nun Mann oder Frau – sagen, wie sehr sie von Gott geliebt sind. So sehr und so herzlich geliebt nämlich, wie ein Mädchen von seinem Freund und Verehrer geliebt ist. Eine junge Städterin von ihrem Jungkleinbauern zum Beispiel. Jesaja hat das besonders schön ausgedrückt. Im Kapitel 62 sagt er den Jerusalemern:

Wie der junge Mann sich mit der Jungfrau vermählt, so vermählt sich mit dir dein Erbauer. Wie der Bräutigam sich freut über die Braut, so freut sich dein Gott über dich.

Mit solchen Worten wollten Jesaja und die anderen natürlich auch erreichen, dass die Leute Gott nicht immer nur um gutes Wetter bitten, sondern dass sie ihm ihre Herzen öffnen.

»Wenn Gott ein Auge auf dich hat und du ihm so viel wert bist wie einem Bräutigam seine Braut«, so wollten sie sagen, »dann musst du so wie ein junges Mädchen sein: dich oft mit ihm treffen, um mit ihm allein zu sein und immer mehr mit ihm vertraut zu werden; mit ihm sprechen, ihm zuhören und dich mit ihm austauschen; ihn fragen, wie er über die Dinge denkt, die dich beschäftigen, und über die Menschen, mit denen du zusammenlebst; von ihm lernen; mit ihm lachen und mit ihm weinen; durch dick und dünn mit ihm gehen. Und ihm treu sein.«

Und wenn sie mal wieder nicht so treu gewesen waren, ihr Verhalten dann aber eingesehen hatten, konnte ihnen ein Mann wie Jeremia zurufen (31. Kapitel; ich übersetze wörtlich):

So spricht Gott, der Herr: Mit ewiger Liebe habe ich dich lieb. Darum halte ich dir – so lange schon – die Treue. Ich richte dich wieder auf, du Jungfrau Israel! Neu geschaffen sollst du werden! Du sollst dir wieder Schmuck anlegen, sollst die Pauken wieder schlagen und tanzen, sollst losziehen im Reigen der Fröhlichen ...

Jesaja sagt sogar von zwei recht verrufenen Städten im heidnischen Ausland, dass sie die *Jungfrau Sidon* und die *Jungfrau Babel* sind. Die Leute dort, so war er überzeugt, sind genauso von Gott geliebt wie die Juden in der heiligen Stadt Jerusalem. Freilich, denen redet er dann auch besonders kräftig ins Gewissen, ist ja klar!

Der Apostel Paulus kannte diesen jahrhundertealten Vergleich ebenfalls. Und so wie er wussten die allermeisten Frühchristen in seinen Großstadtgemeinden noch, dass sie für Gott wie eine über alles geliebte *Jungfrau* sind. Das Bildwort richtig zu verstehen, fiel ihnen in einer Hinsicht – dass damit Frauen und Männer gleichermaßen gemeint sind – sogar leichter als den Leuten im Heiligen Land.

Ihr griechisches Wort für Jungfrau, *parthénos*, war nämlich männlich und weiblich zugleich; im Neuen Testament selbst gibt es eine Stelle, die das belegt: Offenbarung, Kapitel 14. Und vor allem:

Mit *parthénos* bezeichnete man in der griechischen Welt einen Menschen nicht nur deshalb, weil er noch unverheiratet war und enthaltsam lebte; ein *parthénos* – also ein »jungfräulicher Mensch«, wie wir richtiger sagen müssten – war im Sprachempfinden der Griechen einer, der nach seiner großen Liebe noch sucht: ein Mensch, der ganz aus ist auf die Liebe seines Lebens! – Ein schönes und treffendes Bild für den Menschen, der mit Gott leben will.

Paulus hat den Frauen und Männern in der jungen Christengemeinde von Korinth, die er Anfang der 50er Jahre gegründet hatte, mal geschrieben (2. Korintherbrief, 11. Kapitel), dass er sie alle *als reine Jungfrau zu Christus* führen möchte. Mit diesen Worten brachte er auf den Punkt, was das Hauptanliegen seines ganzen Wirkens war: Er wollte die Leute in seinen Gemeinden – die verheirateten natürlich genauso wie die ehelos lebenden – *zu Christus führen.* Nicht nur zu Gott also, sondern zu Jesus auch. Damit sie auch mit Jesus als *Jungfrau,* also in inniger Freundschaft leben. Und zwar als *reine Jungfrau,* in einer *aufrichtigen und reinen Hingabe,* wie er an gleicher Stelle schreibt: ehrlich und echt, ohne immer gleich etwas haben zu wollen – einfach wegen Jesus selbst!

Später haben dann einige von den alten Vätertheologen sogar Jesus einen *parthénos* – oder lateinisch: einen *virgo* – genannt. Und sie sagten, Christsein heiße, ein »anderer Christus« werden. Ein *parthénos*.

So weit mein Vortrag. Ein »jungfräulicher Mensch« sein, an Gott und seinen Jesus nicht nur »glauben«, sondern auch mit ihnen leben und ein bisschen so wie Jesus werden – das ist, wie wir sehen, wirklich ein sehr wichtiges Thema. Nicht nur für Klosterschwestern, Priester und andere Ehelose in der Kirche, sondern für jeden Menschen.

Es gibt sicherlich genug Leute, denen wir das alles bei Gelegenheit mal sagen könnten. Dabei sollten wir selbstverständlich auch auf Maria zu sprechen kommen. Auch sie wird ja in der Bibel *Jungfrau – parthénos* – genannt. Zwei Mal. Von Matthäus und Lukas. Das zeigt, dass den frühen Christen noch nach Jahrzehnten – bis in die dritte, vierte Generation hinein, zu der diese beiden Evangelisten gehörten – bekannt war, wie Maria gewesen ist: eine Jungfrau, wie sie im Buche steht!

Denn auch Maria glaubte Gott die Liebe zu ihr, sie nahm seine Liebe ganz in ihr Herz auf und lebte in inniger Beziehung mit ihm. Sie war solch ein Mensch, der nicht nur an Gott glaubt, sondern mit ihm lebt, mit ihm spricht, ihm zuhört und sich was von ihm abschaut. Das, wie gesagt, wussten selbst Matthäus und Lukas noch, die sie gar nicht mehr persönlich gekannt hatten. Allerdings, dass Maria eigentlich hieß – und Jesus eigentlich Jeschua –, und vor allem: dass sie eine Kleinbäuerin war, davon, wen wundert's, schreiben die beiden Stadtmensch-Evangelisten nichts. Doch darüber müssen wir uns nicht ärgern, denn »Kleinbauer« meint ja sowieso irgendwie dasselbe wie »Jungfrau«.

Immerhin aber haben beide Evangelisten so von Maria geschrieben, dass alle – jedenfalls alle, die richtig hinhörten, wenn ihre Evangelien vorgelesen wurden – gleich merken konnten: Die Mutter von Jesus ist ein echtes Vorbild für uns; so wie sie müsste man selbst auch *Jungfrau* werden ...

Einer von meinen Mitbrüdern hat mal in den Schriften unserer Ordensgründerin Teresa von Ávila nachgeschaut – im sechzehnten Jahrhundert hat sie gelebt –, was die denn so über Maria schreibt. Da hat er lange suchen müssen und nur wenige Stellen gefunden. Denn Teresa hatte es mehr mit dem heiligen Josef. Und hauptsächlich hat sie natürlich über Jesus geschrieben und wie sie mit ihm lebt und zu ihm betet. Mit Jesus soll man »umgehen wie mit einem Freund«, schreibt sie, und vom Beten sagt sie:

»Beten ist meiner Meinung nach nichts anderes als ein Verweilen bei einem Freund, mit dem wir oft und gern allein zusammenkommen, einfach um bei ihm zu sein, weil wir sicher sind, dass er uns liebt.«

Jesus sei aber auch, heißt es an einer Stelle, »mitten in der Küche, zwischen den Kochtöpfen«. Und natürlich auch auf dem Acker und zwischen den Ziegen, Schafen, Hühnern und Kühen, muss ich hier ergänzen! Wer ihn dort nicht finde, sagt Teresa, der hat auch kein Ohr für ihn beim Beten und im Gottesdienst.

Für diese Worte und für all die vielen weiteren jungfräulichen Weisheiten aus ihrer Schreibfeder hat Teresa sogar den Titel »Kirchenlehrerin« zuerkannt bekommen. 1970, von Papst Paul dem Sechsten. Aber ich denke, wir sind uns einig: Dieser Städterin aus Ávila in Spanien gebührt vor allem der Ehrentitel »Kleinbäuerin«, egal, was andere von ihr sagen.

Mein Mitbruder ist der Meinung, wenn man das wenige, was Teresa über Maria geschrieben hat, in einem Satz zusammenfassen wollte, dann am besten so: Für Teresa ist Maria »die Mutter meines Freundes«.

Teresa, müssen wir wissen, hatte viele Freundinnen und Freunde. Echte. Und mit ihnen hat sie in sehr inniger, herzlicher Beziehung gelebt. Deshalb war ihr auch klar, dass man mit Jesus genauso innig und herzlich umgehen kann – und dass Maria, die Mutter Jesu, nicht einfach irgendwer ist, sondern eben die Mutter ihres Freundes!

Manche Leute, das muss ich hier wenigstens kurz erwähnen, denken da ganz anders. Sie machen aus der Mutter des Gottessohnes so etwas wie eine »Muttergöttin«. Sie behängen sie mit himmelblauen Schleiern und können dahinter ihr wirkliches Gesicht nicht mehr sehen, das Gesicht Mirjams, das sie doch auch jetzt im Himmel noch hat. Schlimm wird es, wenn sie statt zu Jesus und zu seinem himmlischen Vater mit ihren Sorgen immer bloß zu ihr gehen. So richtig »jungfräulich« ist das nun wirklich nicht. Ihnen könnten wir gelegentlich mal sagen – in Kleinbauernsprache natürlich, die sie verstehen –, dass man zu ihrem Sohn Jesus doch auch direkt kommen kann. Zu ihm persönlich, und mit allem! Und dass auch Gott selbst ein ganz und gar mütterliches Herz hat für jeden. Man darf doch nicht denken, dass Jesus nur auf seine Mutter hört und auf uns nicht! Und dass Gott uns nur liebt, wenn die Mutter des Gottessohnes zu ihm kommt und sagt: »Du, lieber Gott, hab sie doch lieb!« Was tut einer, der so denkt, Gott und Jesus da an! Und was tut er Mirjam an, die doch genau weiß, dass ihr Jeschua und sein göttlicher Vater, den er immer ganz vertrauensvoll »Abba« (»lieber Vater«) nannte, uns schon von ganz allein nichts als liebt! Wie muss es Maria schmerzen, wenn Leute kleiner von Gott denken und von ihrem Jeschua!

Natürlich kann man auch mit Maria ins Gespräch kommen, genauso wie mit Jesus. Aber dann sollten wir nicht immer nur über die eigenen Sorgen und Nöte mit ihr reden, sondern auch mal über ihre Sorgen – damals um ihren Sohn. Und überhaupt über Jesus und seinen Abba-Gott. Dann merkt man doch erst so richtig, dass sie »die Mutter meines Freundes« ist ... Und sie merkt's auch.

Auf jeden Fall kann man, ob nun Dorfmensch oder Stadtmensch, viel von Maria lernen. Zum Beispiel schreibt Lukas von ihr, und zwar gleich zwei Mal kurz hintereinander (2. Kapitel), damit es ja keiner überliest:

Maria aber / Seine Mutter aber bewahrte alles, was geschehen war, in ihrem Herzen und dachte darüber nach.

Das scheint gar nichts Besonderes zu sein, das tut doch jeder Mensch, möchte man meinen. Ja, wenn er's täte! Gott könnte unsere Herzen mit viel mehr Dankbarkeit und Freude erfüllen, wenn wir mehr nachdenken würden über ihn. Und wenn wir mit Gott zusammen, im innigen Gespräch mit ihm, die Welt betrachten würden und was um uns herum geschieht. Wir würden dann merken, dass das »Reich Gottes« wirklich, wie Jesus seinen Jüngern sagte, jetzt schon angefangen hat.

Selbst Jesus hat viel von Mirjam gelernt. Und von Josef natürlich auch. Kleinbauern lernen das Wichtigste für's Leben immer von Kleinbauern. Vor allem was die Frage betrifft, wie man heutzutage im Reich Gottes leben und ein jungfräulicher Mensch – also ein Kleinbauer und eine Kleinbäuerin – werden kann; und warum uns das nicht immer gleich gelingen will.

Ein Ziegenstrick passt nicht durchs Nadelöhr

– auch das zum Beispiel hat Jesus von seiner Mutter Mirjam gelernt, schon in frühen Jahren, nehme ich an.

Bauern, die eine Ziege haben, wissen, was ein Ziegenstrick ist, und Leuten aus der Stadt lässt er sich leicht beschreiben: Er hängt irgendwo in der Nähe vom Ziegenstall, und wenn die Ziege draußen auf der Wiese Gras fressen soll, wird sie mit diesem Strick an einen Pflock angebunden. Es ist ein ziemlich langer Strick, so lang, dass die Ziege an genügend Gras herankommt und zwischen ihren Mahlzeiten auch mal ein wenig herumspringen kann. Bei uns zu Hause hing der Ziegenstrick immer griffbereit an einem Nagel innen an der Stalltür, und das wird in Nazaret, denke ich, nicht viel anders gewesen sein.

Als nun Jesus noch klein war und seiner Mutter mal beim Nähen zuschaute, da brauchte Mirjam einen möglichst dicken Faden. »Jeschu, hilf mir einen dicken Faden suchen!«, rief sie ihrem Jungen zu, und der sprang sofort auf und suchte mit. Einige Schnüre fanden sie, zwei sogar in seiner Rocktasche, aber sie waren alle entweder zu kurz oder schon so arg zerdröselt, dass Mirjam sie nicht gebrauchen konnte.

»Der Ziegenstrick!«, kam's Jesus plötzlich in den Sinn, und dieser Eingebung folgend, lief er schnell zum Ziegenstall. Doch als er mit seinem Fund angelaufen gekommen war, musste ihm die Mutter sagen:

»Sieh mal, Jeschu, der ist viel zu dick, der passt nicht durchs Nadelöhr!« – Wieder was gelernt! Von Mutter Mirjam.

Wo ich das her weiß? Zugegeben, diese Geschichte hab ich mir ausgedacht. Mit der Erfahrung aus meiner Jungkleinbauernzeit natürlich und mit ein bisschen Einfühlungsvermögen in Jeschua und seine Kleinbauernfamilie. Ein bisschen Einfühlungsvermögen ist sehr wichtig, wenn man Jesus verstehen will, das hab ich von der heiligen Edith Stein gelernt; wahrscheinlich werde ich später noch mal drauf zurückkommen. Jedenfalls: Von irgendwoher muss Jesus ja schließlich gewusst haben, dass ein Strick nicht durch ein Nadelöhr passt. Das Neue Testament erzählt aus dem »öffentlichen Leben« Jesu nämlich folgende Begebenheit:

Einmal sprach Jesus mit einem jungen Mann, der laut Lukas (18. Kapitel) sogar *einer von den führenden Männern* in Israel war. Der wollte auch gern inniger mit Gott leben und das Reich Gottes in sein Herz einlassen – aber er konnte es nicht. In seinem Herzen war so viel anderes: die Sorge um sein Geld und um seinen Lebensstandard, vielleicht auch um sein Ansehen bei den oberführenden Männern Israels ... Und da ist Jesus der Ziegenstrick wieder eingefallen!

Als der Mann nämlich ganz betrübt wieder fortgegangen war, sagte Jesus, tieftraurig über ihn, zu den Jüngern: »Eher passt ein Strick durchs Nadelöhr, als dass ein Reicher in das Reich Gottes findet.«

Wo das steht? Bei Markus (10. Kapitel), bei Lukas (18. Kapitel) und bei Matthäus (19. Kapitel); bei allen dreien gleichlautend, weil Lukas und Matthäus den Satz wieder aus dem Markusevangelium übernommen haben. Nur: Wir kennen den Wortlaut anders. In unseren deutschen Bibeln heißt es immer: *Eher geht ein Kamel durch ein Nadelöhr* ... – Die Bibelübersetzer? Nein, sie trifft in diesem Falle keine Schuld, ganz und gar nicht, denn auch in den drei griechischen Überlieferungen geht *ein Kamel* nicht durchs Nadelöhr.

Wie also konnte der Ziegenstrick zum Kamel werden? Weil, so sagt ein jüdischer Theologe namens Pinchas Lapide, irgendeinem lieben frühen Christenmenschen ein Abschreibfehler unterlaufen ist. Als der das aramäische Jesuswort handschriftlich kopierte – Jesus hat ja aramäisch gesprochen und die allerersten Christen im Heiligen Land auch –, hat er aus reiner Schussligkeit statt »gamta«, was Seil, Strick oder Tau bedeutet, »gamal« hingeschrieben; und »gamal« heißt auf Aramäisch Kamel.

Markus – oder schon ein anderer vor ihm – hat dann das falsche aramäische Wort »gamal« übernommen und als *kamelon* ins Griechische übertragen; Matthäus und Lukas wiederum haben es so aus dem Markusevangelium abgeschrieben. Keiner der drei Evangelisten hat gemerkt, dass da was nicht stimmt. Gar nicht stimmen kann! Den Bibelübersetzern und Theologen ist das natürlich auch nicht aufgefallen. Über fast zwei Jahrtausende hin nicht! Zwar hatten bereits einige aufgeweckte Kirchenväter der ersten Jahrhunderte eine ähnliche Vermutung gehabt wie unser jüdischer Fachmann – sie lasen das *kamelon* wieder als »gamta« und deuteten es als *Schiffstau* der Fischer vom See Gennesaret –, doch sie hatten damit wenig Gehör bei den Obergescheiten gefunden. Mit *Nadelöhr* sei ein enges Tor in der Stadtmauer von Jerusalem gemeint, durch das ein ausgewachsenes Kamel nicht hindurchgepasst habe, so haben die sich später rausgeredet; aber die Geschichtsgelehrten sagen, dass es dieses Tor überhaupt nicht gegeben hat. Nur Kleinbauern, die von solchen Spitzfindigkeiten nichts wussten, haben sich immer schon gewundert ...

Ob Kamel, Schiffstau oder Ziegenstrick – manchem mag das ja egal sein. Der Sinn dieses Jesuswortes, so wird er denken, bleibt in allen drei Versionen letztlich sowieso derselbe: Wer zu dick und zu breit ist, ob am Bauch, an den Ellenbogen oder am Kopf, der wird in das Reich Gottes nicht hineingelangen. Er wird es nicht finden in seinem Herzen und auch nicht in den Herzen der anderen. Der wird es schwer haben, ein Kleinbauer zu werden, wie Jesus einer war; er ist ja auf was ganz anderes aus. Traurig für ihn. Traurig auch für uns, wenn wir einem solchen Menschen mal begegnen. Und am traurigsten für Jesus ...

Dennoch, ich bleibe beim Ziegenstrick. Kleinbauern sind eben so – sie leben auf, wenn ihnen ein Bibelwort auch in sich verständlich ist; wenn, wie in diesem Fall, auch das Bild selbst stimmig ist. Sie können dann irgendwie gleich ganz anders glauben ... Leuten aus der Stadt, die sich nun mal unter einem Ziegenstrick nicht viel vorstellen können, geht es da nicht anders; ihnen wird schon die Erkenntnis, dass es sich um ein Tau oder sonst irgendeine Art von dickem Strick handelt, Glaubensstärkung sein.

Wahr ist jedenfalls: Wer das Reich Gottes in sein Herz nicht einlässt – der ist wirklich ein Kamel!

Noch vieles andere hat Jesus von seiner Mutter Mirjam gelernt. Zum Beispiel, dass man das tägliche Brot nicht einfach mal schnell irgendwoher zaubern kann, wenn *fünftausend Männer* samt *Frauen und Kindern* richtig Hunger haben. Es muss sorgfältig und mit Liebe zubereitet werden. Im Herzen! Auch was er sonst noch von Mirjam beim Brotbacken lernte, sollte von großer Bedeutung für die Verkündigung seiner Frohbotschaft werden. Von großer Bedeutung daher auch für uns.

Jeschuas Bäckerlehre

begann immer schon sehr früh am Tag. Kaum hatte er mit Vater Josef das Schaf und die Ziege versorgt – vielleicht hatten sie davon auch mehrere –, den Esel getränkt und die Hühner gefüttert, lief er zu Mutter Mirjam. Die machte sich gerade daran, das Abendessen vorzubereiten, die Hauptmahlzeit damals im Heiligen Land. Morgen für Morgen setzte sie sich an die Handmühle, die aus einem festen Unter- und einem drehbaren Oberstein bestand, und mahlte Getreide zu Mehl. Sie schüttete einen Teil des frisch gemahlenen Mehls in ihre hölzerne Backmulde, machte in der Mitte des Mehlhaufens eine Kuhle, gab da hinein einen Klumpen Brotsauer, zerkleinerte ihn zwischen den Händen und vermengte ihn mit dem Mehl, goss die nötige Menge lauwarmes Wasser hinzu, salzte den dickflüssigen Brei und ließ ihn angären. Noch zwei, drei Mal in den nächsten Stunden gab sie vom restlichen Mehl dazu, bis aus dem Brei ein zäher Teig geworden war. Danach deckte sie die Mulde mit einem Tuch ab, damit der Teig in Ruhe durchgären konnte. Rechtzeitig vor dem Abend dann heizte sie den kleinen Lehmbackofen im Innenhof an, knetete die aufgegangene Teigmasse noch einmal kräftig durch, formte runde Brotfladen daraus und ließ sie im Ofen durchbacken ...

Woher ich das weiß? Stimmt, wie Maria Brot backte, davon steht nichts in der Bibel. Mein Mitbruder, der als Bäcker tätig war, bevor er in unser Kloster eintrat, hat mir dabei sachkundig weitergeholfen. Das »interdisziplinäre Gespräch«, wie die Theologen sich ausdrücken, ist eben sehr wichtig, um die Bibel zu verstehen ... Und was die näheren Umstände des Brotbackens im biblischen Israel betrifft, da habe ich aus Büchern manches lernen können. Eines beispielsweise hat der Schweizer Professor für Bibelwissenschaft und Archäologie, Walter Bühlmann, geschrieben. Es heißt WIE JESUS LEBTE –

PALÄSTINA VOR 2000 JAHREN und handelt, wie der Autor gleich außen auf dem Buchdeckel vermerkt hat, vom »Wohnen, Essen, Arbeiten und Reisen im Heiligen Land«. Dass er, ein Schweizer, darin gar nichts über die Herstellung von Schafs- und Ziegenkäse schreibt, hat mich zwar ein wenig irritiert, aber dafür weiß er über's Brotbacken tatsächlich fast so gut Bescheid wie mein Mitbruder. Sogar in den feinsten Details kennt er sich aus: »Sobald sich das Feuer zur Glut zurückgebildet hat«, schreibt er zum Beispiel, »holt die Frau den Fladenteig herbei. Sie führt den Teig durch die obere Öffnung des Ofens ein und klatscht ihn geschickt an die Wand. Seltsamerweise fällt er nicht in die Asche, sondern bleibt an der Wand, bis er gebacken ist, was im Nu geschieht.« – So ähnlich wird es auch bei Jesus zu Hause zugegangen sein, denke ich. Mutter Mirjam wird wohl nicht anders Brot gebacken haben als alle Frauen damals im Heiligen Land.

Und dass Jesus ihr beim Brotbacken zuschaute, woher ich das weiß? Ganz einfach: Weil es für jedes Kind interessant ist – jedenfalls war es in meiner Jungkleinbauernzeit noch so –, der Mutter beim Backen zuzusehen. Und dabei mitzumachen natürlich! Beim Bibelgelehrten las ich dann auch, dass die Mädchen und Jungen damals in Galiläa beim Brotbacken immer sehr aktiv beteiligt waren, etwa beim Feuermachen im Backofen: »Das Holen des Brennmaterials«, schreibt der Professor – er meint damit »irgendwelche Sträucher, Stroh, getrocknete Dungfladen oder dürres Unkraut« –, »dürfte Aufgabe der Kinder gewesen sein.« Also mit Sicherheit auch die Aufgabe Jeschuas. Und außer Stroh- und Dungfladensammeln hat er gewiss noch so manche andere Aufgabe beim Backen tatkräftig wahrgenommen. Wie zum Beispiel vor dem Mahlen die letzten Spreureste aus dem Getreide pusten und mit der Mutter zusammen den Mühlstein drehen. Oder am Abend dann Brotfladen formen und sie in den Backofen klatschen ...

Ganz bestimmt aber hat Jeschua tagsüber manchmal heimlich unter das Tuch über der Backmulde gelugt, um nachzusehen, ob der Teig schon wieder ein bisschen größer geworden ist. Oder um zuzuschauen, wie dann und wann eine Teigblase blubbert,

wenn die Brotsauersäure den Mehlteig durchgärt

Wie sollte er denn sonst später darauf gekommen sein, das Gleichnis vom Sauerteig zu erzählen? Darauf kommt doch nur einer, der das allmähliche Aufgehen des Brotteigs aus eigener Anschauung kennt!

Sauerteig, müssen wir wissen, ist dasselbe wie Brotsauer. Wir zu Hause haben Brotsauer gesagt, oder einfach Sauer. Überliefert haben uns das Gleichnis vom Sauerteig – es ist ein ganz kurzes – die Evangelisten Lukas und Matthäus. Im Lukasevangelium (Kapitel 13) liest es sich so:

Womit soll ich das Reich Gottes vergleichen? Es ist wie der Sauerteig, den eine Frau unter einen großen Trog Mehl mischte, bis das Ganze durchsäuert war.

Im Matthäusevangelium (13. Kapitel) steht fast wortwörtlich derselbe Text. Beide Evangelisten haben ihn nämlich, unabhängig voneinander, aus der so genannten REDEQUELLE abgeschrieben. Und da es sich bei dieser schon sehr früh entstandenen Aufzeichnung von Jesusworten, wir erinnern uns, um eine Art »Spickzettelsammlung« der ersten Jesus-Botschafter – Kleinbauern aus Galiläa mit ziemlicher Sicherheit! – handelt, haben wir die Gewähr, dass auch Jesus selbst das Gleichnis so oder wenigstens so ähnlich erzählt hat.

Was Brotsauer – oder eben Sauerteig – ist und wie er wirkt in der Backmulde, das wussten die Leute natürlich, die damals Jesus zuhörten; die Kleinbauern sowieso, die sind ja alle mal kleine Kleinbauern gewesen. Und die Städter in Galiläa auch. Zumindest die Städterinnen, denn das Backen war nun mal Sache der Frauen. Jährlich nach dem Paschafest, dem »Fest der ungesäuerten Brote«, setzten sie den Sauerteig frisch an, aus Gersten- oder Weizenkleie und angegorenem Traubenmost, und das Jahr über achteten sie sorgsam darauf, dass immer die nötige Menge für den nächsten Tag erhalten blieb. »Nichts wäre meinem Bäckermeister peinlicher gewesen«, erinnert sich mein Mitbruder, »als bei einem anderen Bäcker Sauerteig holen zu müssen ...«

Ungesäuertes Brot, das war so eine Art dünnes, hartes Knäckebrot, trocken und fast geschmacklos; es wurde damals – außer am Paschafest – nur gegessen, wenn es einmal schnell gehen musste mit dem Backen, zum Beispiel wenn unangemeldeter Besuch gekommen war. Das andere aber, das Sauerteigbrot, war ein fladenförmiger Brotlaib, innen locker und außen mit knuspriger Kruste, herzhaftes Brot, auf das man sich den ganzen Tag lang schon freuen konnte.

Sie alle, die Leute in Galiläa, hätten Jesus also sofort verstanden, wenn er ihnen gesagt hätte: »Das Reich Gottes ist wie der Sauerteig.« – Wenn er das gesagt hätte! Hätte!

Hat er aber nicht! Das denken sich nur manche Leute so. Leute, die nicht richtig hinhören, wenn das Evangelium im Gottesdienst vorgelesen wird. Und manche haben noch dazu das Pech, dass ihr Pfarrer das Gleichnis ganz und gar falsch auslegt und mit dem Sauerteig nicht das Reich Gottes, sondern seine gläubigen Zuhörer vergleicht. »Ihr müsst Sauerteig sein in der Welt!«, ruft der ihnen dann in der Predigt zu, während sie mit schon leicht angesäuerten Gesichtern in den Kirchenbänken sitzen ...

Aber Jesus hat nicht gesagt: »Das Reich Gottes ist wie der Sauerteig«, und schon gar nicht: »Ihr seid der Sauerteig!« Er hat gesagt: »Das Reich Gottes *ist wie Sauerteig, den eine Frau ...*« und so weiter. Er vergleicht das Gottesreich nicht mit dem Sauerteig, sondern mit einem Sauerteig, mit dem eine Frau etwas ganz Bestimmtes macht! Die ganze, wenn auch sehr kurze Geschichte ist sein Vergleich!

Und noch etwas muss ich klarstellen, damit wir aus der Bäckerlehre Jesu die richtigen Schlussfolgerungen ziehen können: So, wie wir das Gleichnis gerade gelesen haben (siehe S. 34), steht es gar nicht in der Bibel. In der deutschen EINHEITSÜBERSETZUNG schon, jedoch nicht im griechischen Originaltext.

Bei Lukas und Matthäus steht nämlich nicht: *unter einen großen Trog Mehl.* Und dass die Frau den Sauerteig unter das Mehl *mischte* – oder, wie Martin Luther übersetzte, unter das Mehl *mengte* –, steht dort auch nicht. Außerdem ist in beiden Evangelientexten nicht einfach nur von Mehl die Rede; das von Lukas und Matthäus verwendete Wort *áleuron* heißt Weizenmehl, ganz ausdrücklich Weizenmehl! – Ich geb' ja zu: Ich weiß das auch noch nicht so lange. Darauf gekommen bin ich erst durch ein neues, sehr dickes Buch, das den Titel KOMPENDIUM DER GLEICHNISSE JESU trägt und 2007 von sechs hochgescheiten Bibelexperten herausgebracht wurde.

Jedenfalls haben unsere Bibelübersetzer, Martin Luther eingeschlossen, Jesus mal wieder den ganzen Witz verdorben! Denn Jesus hat das kleine Gleichnis von der Frau, dem Sauerteig und dem Mehl so erzählt, dass die Leute erstmal wieder was zum Lachen hatten! Aber der Reihe nach. Im griechischen Text steht: *unter drei Sea*

Mehl. Das ist eine riesige Menge, müssen wir wissen! Eine *Sea* war ein 13-Liter-Krug – ein Behältnis mit dem Fassungsvermögen eines Futtereimers zum Pferdetränken! Und da 1 Liter Mehl gut 600 Gramm wiegt, sind drei solcher Krüge voll 24 Kilo Mehl! Martin Luther muss das von irgendwoher gewusst haben und hat übersetzt: *unter einen halben Zentner Mehl.* Das ist eine Mengenangabe, bei der man sich etwas vorstellen kann! Als evangelischer Christ. Wir Katholiken dagegen müssen uns vorlesen lassen: *unter einen großen Trog Mehl* – »groß«, was sagt das schon?!

Von einer so großen Menge Mehl ist hier die Rede, dass die im Gleichnis genannte *eine Frau* – eine, eine ganz allein! – davon eine Mahlzeit für 150 Personen hätte zubereiten können! (Falls jemandem 150 zu hoch oder zu niedrig erscheinen sollte: Das hat der Gelehrte aus der Schweiz ausgerechnet, nicht ich!)

Ich will mal ganz von der Frage absehen, wie das eine einzige Frau bis zum Abend hätte schaffen sollen, denn beim Brotbacken für 150 Personen bin ich noch nie dabei gewesen. Auf jeden Fall aber dürfte kaum eine von den Kleinbäuerinnen und den armen Städterinnen, die Jesus zuhörten, überhaupt so viel Mehl gehabt haben! Seine Mutter damals sicherlich auch nicht. Noch dazu Weizenmehl! Brot aus Weizenmehl war ja etwas ganz Besonderes für die einfachen Leute im Heiligen Land; gewöhnlich backten und aßen sie nur Gerstenbrot. Und für Tage und Wochen im Voraus – was die Menge noch erklären könnte – haben die Frauen damals auch nicht gebacken, sondern immer nur Brot für den jeweiligen Abend.

Von einer ungewöhnlich großen Menge Mehl – sehr feinem Weizenmehl – spricht Jesus also. Und was macht die Frau mit dem Brotsauer und dem halben Zentner Mehl? Im griechischen Text steht, wie gesagt, weder dass sie den Sauerteig unter das Mehl mischte noch unter das Mehl mengte. Denen, die das so übersetzt haben, fehlte außer einem guten Wörterbuch schlicht und einfach das Gespräch mit einem Mitmenschen, der sich aufs Brotbacken versteht! Sauerteig »unter das Mehl mischen« oder »mengen« sagen nur Leute, die vom Brotbacken keine Ahnung haben, oder irgendwelche Neubäcker, die sowieso alle Zutaten nur noch in den Brotbackautomaten stecken ... Jesus, der ja von klein auf sachkundig im Brotbacken war, hätte vielleicht gesagt: »Das Reich Gottes ist wie Sauerteig, mit dem eine Frau Brotteig aus drei Sea Mehl ansetzte.« Aber selbst das hat er, laut Lukas und Matthäus, nicht gesagt. Er sagt doch glatt – und nun übersetze ich wortwörtlich: »Sie *versteckte* den *Sauerteig in drei Sea Mehl* ...«!

Ja! Genau so steht's im griechisch überlieferten Text, bei Matthäus und bei Lukas! Jesus sagt tatsächlich: ... Es (das Reich Gottes) *ist wie Sauerteig, den eine Frau in drei Sea Weizenmehl versteckte.* Versteckte!

Und während Jesus das sagt – laut Matthäus erzählt er das Gleichnis *am Ufer des Sees* Gennesaret, laut Lukas auf dem Weg nach Jerusalem *in einer Synagoge* –, während er genau das sagt, strahlt er die Leute an mit seinen Kleinbauernaugen, die Leute, die da direkt vor ihm stehen ...

Da nimmt also eine Frau, so erzählt doch dieser Jeschua aus Nazaret da vorn, Brotsauer für drei pferdefuttereimergroße Krüge Weizenmehl – das heißt konkret: fast nochmal einen ganzen Pferdefuttereimer voll! – und buddelt sich mit ihren Armen tief in den Mehlhaufen in der Backmulde hinein, die so groß gewesen sein muss, wie die Leute noch keine gesehen hatten. Und warum? Um den Sauerteig unter dem Riesenberg von Weizenmehl zu verstecken – zu verstecken! Sie gießt, so ist anzunehmen, Wasser dazu – bei dieser Menge von Mehl noch einmal zwei ganze Futtereimer voll –, bringt irgendwie noch die nötige Menge Salz in den Mehl-und-Wasser-Kleister und ... – und das soll dem Reich Gottes vergleichbar sein?

Wer soll da – bei einer solchen, derart seltsamen Geschichte – fromm und andächtig bleiben! Noch dazu, wenn er den Schalk im Gesicht des Erzählers sieht! Da können doch alle, die ihm zuhören, nur schallend lachen ... oder – die etwas steiferen unter ihnen – wenigstens schmunzeln bis zu den Ohren!

Aber die sind jetzt offen, die Ohren, hochgestellt wie die Lauscher ihrer Ziege zu Hause im Stall! Und die Antwort dämmert ihnen wie von allein:

Na klar, es ist ja wahr: Genau so ist es mit dem Reich Gottes! Es ist schon mittendrin im Mehlhaufen, tief versteckt darin – in der Welt, in unserm Volk, im eigenen

Herzen … Es ist schon da, in uns und mitten unter uns. Verborgen, aber da! Wie von Gott versteckt, hineinversteckt in den ganzen Kleister aus Sorgen, Sehnsüchten, Ängsten, Schwächen, Unfrieden, Schuld und Versagen. Und dieser ganze Kleister ist in Gottes Augen was wert! Nicht wie gewöhnlicher Gerstenmehlkleister erscheint ihm unser Leben – nein, wir sind wie Brotteig aus feinem, kostbarem Weizenmehl, wir sind etwas ganz Besonderes für ihn! Der da vorn, so dämmert's den Leuten, will uns sagen:

»Mögen deine Augen auch blind sein und deine Ohren manchmal wie taub für die Liebe meines Abba – diese Liebe steckt schon drin in dir! Und auch im Herzen deines Nachbarn, dessen Ziege, weil er sie nicht angepflockt hat, deinem Schaf immer das Gras wegfrisst. Gott selbst hat die Kraft der Liebe – wie die Frau den Batzen Sauerteig – da hineinversteckt! Ob du's merkst oder nicht, seine Liebe durchwirkt euch, lockert euch auf und wird allmählich eure Herzen verändern. Auch dein Herz, dein feines, kostbares Herz …«

Der Kleinbauer, wie Jesus einer war, steckt schon in dir drin, und immer mehr wirst du einer werden – das ist es, was Jesus mit seinem Sauerteiggleichnis sagen will, auch uns heute noch! Und wer, wie die Frauen und die Kinder von damals, ein klein wenig Brotbackerfahrung hat, der wird mit Jesus mitschmunzeln können und sich noch hinzudenken: »Ja – auch wenn's erstmal gewaltig in mir gärt und blubbert …«

Gar nicht gute Geister

Wie wichtig es für Jesus war, dass die Leute das Sauerteiggleichnis verstehen – und zwar so, so und nicht anders –, zeigt ein Wort, das Markus überliefert hat. Das Sauerteiggleichnis selbst kannte Markus nicht, aber das folgende Sauerteigwort Jesu hatte ihm jemand weitererzählt:

Gebt acht, hütet euch vor dem Sauerteig der Pharisäer und dem Sauerteig des Herodes!

Das hatte Jesus, laut Markus (8. Kapitel), zu den Jüngern gesagt. Es gibt also auch andere Geister, gar nicht gute Geister, die wie Brotsauer das Menschenherz durchwirken können – selbst Jüngerherzen! Deshalb, gerade deshalb ist es Jesus so wichtig, uns zu sagen:

»Du, der Gottesreichsauerteig ist schließlich auch noch da! Der Geist der Liebe, den Gott in dich hineinversteckt hat. Und der hat viel mehr Kraft als alle gar nicht guten Sauergeister zusammen! – Aber gib acht, hüte dich vor solchen Geistern! Sie machen dir und anderen das ganze Leben zur Qual ...«

Die Leute im Heiligen Land werden schon verstanden haben, was Jesus mit dem *Sauerteig der Pharisäer und dem Sauerteig des Herodes* meint. Die kannten sie ja, die Pharisäer. Und den machtprotzigen König Herodes Antipas auch, der den Täufer Johannes hatte köpfen lassen. Wenn sie nur ein kleines bisschen ehrlich mit sich selbst gewesen sind, dann wussten sie, dass auch in ihnen ein Pharisäer und ein kleiner Machtprotz steckt ...

Damit aber auch die Christen in den griechischen Gemeinden verstehen konnten, was für ein Geist mit dem *Sauerteig der Pharisäer* gemeint ist, hat Lukas, als er diese Worte aus dem Markusevangelium abschrieb, sicherheitshalber eine ziemlich eindeutige Erläuterung hinzugefügt. Er schreibt (Kapitel 12):

Hütet euch vor dem Sauerteig der Pharisäer, das heißt vor der Heuchelei!

Rumheucheln und scheinheilig tun kann ja wirklich den Charakter eines Menschen verderben. So einer erfüllt jede Vorschrift rubrikengetreu, und beim Sprechen seiner Gebete lässt er kein einziges Komma weg, aber im Herzen läuft nicht viel mit Gott! Wenn er das selbst nicht merkt – andere merken es schon, werdende Kleinbauern auf jeden Fall ...

Den *Sauerteig des Herodes* hat Lukas beim Abschreiben einfach weggelassen. Vor dem Geist der Brutalität und der Machtgier musste er seine Leute also nicht erst warnen. Was sie natürlich ehrt. Auch Matthäus, der dieses Jesuswort ebenfalls bei Markus abgeschrieben hat, konnte den Herodessauer getrost beiseite lassen. Einen anderen, ganz gefährlichen Geist hat er aber eigens noch hinzugefügt. Bei ihm lautet der Satz (im 16. Kapitel) so:

Gebt acht, hütet euch vor dem Sauerteig der Pharisäer und Sadduzäer!

Die Sadduzäer, das waren nämlich die Leute in Israel, die immer gleich nervös wurden, wenn in religiösen Dingen einer mal was anders sagte oder machte, als sie es gelernt hatten. »Aber die Tradition!«, riefen sie dann aufgeregt, »die heilige Tradition!«. Aus irgendeinem Grund muss dem Matthäus die ausdrückliche Erwähnung dieses Sadduzäergeistes für seine Gemeinde wichtig gewesen sein ...

Natürlich gibt es noch viele andere gar nicht gute Geister, die wie Sauerteig das gesamte Denken, Fühlen, Reden und Handeln eines Menschen bestimmen können. Was ein solcher Mensch dann von sich gibt, kann – auch heutzutage – eine ganze Familie, ein ganzes Dorf, eine ganze Christengemeinde oder eine ganze Ordensgemeinschaft belasten und in arge Nöte bringen. Sogar ansteckend können solche Sauergeister sein. Paulus hat sie mal zusammenfassend den *Sauerteig der Bosheit und Schlechtigkeit* genannt, im ersten Brief an die Korinther (5. Kapitel). Konkret haben diese Geister natürlich viele Namen, Gernegroßsauer zum Beispiel, Arbeitsscheusauer, Neidsauer, Eifersuchtssauer, Eitelkeitssauer oder Anerkennungssuchtsauer ...

Am schlimmsten ist wohl der Eigennutzsauer. Von dem hat im dreizehnten Jahrhundert der berühmte Meister Eckehart mal sehr klar und deutlich gesprochen. Auf

Kleinbauerndeutsch! In einer Predigt rief er ins gläubige Volk hinein: »Manche Leute lieben Gott, wie sie eine Kuh lieben. Die liebst du wegen der Milch und wegen des Käses und deines eigenen Nutzens. So halten's alle jene Leute, die Gott um äußeren Reichtums oder inneren Trostes willen lieben; die aber lieben Gott nicht recht, sondern sie lieben ihren Eigennutz!«

Aber ich muss hier gar nicht alle diese Geister *der Bosheit und Schlechtigkeit* aufzählen, sie fallen uns selbst ein – jedenfalls wenn wir sie bei Leuten bemerken, deren Ziege unserem Schaf und so weiter ...

In diesem Zusammenhang hat Paulus übrigens den Christen in Korinth noch geschrieben, sie sollten doch sorgsam darauf achten, dass sie *den alten Sauerteig wegschaffen*, damit der *neue Sauerteig* Jesu in ihren Herzen und in ihrer Gemeinschaft wirken kann. Im Leben mit Gott ist es eben nicht anders als im Leben einer ganz normalen Städter- oder Bauernfamilie: Der schönste neu erworbene Küchenschrank nützt nichts, solange er im Flur herumsteht, weil man sich vom alten nicht trennen will ...

Man glaubt ja gar nicht

wie viel von solchem *alten Sauerteig* es gibt in der Christenheit! Der kann dann sogar das Sauerteiggleichnis Jesu ins falsche Licht rücken und zu recht eigenartigen

Deutungen führen. Unser Fachmann aus der Schweiz scheint darüber mehr zu wissen, denn er schreibt:

»In der Auslegungstradition hat das Gleichnis oft (!) zu Missverständnissen geführt: Menschen können und sollen nichts bewirken wollen für Gottes Zukunft, Gott allein handelt.«

Ein seltsamer Geist, wirklich! Und der muss, wie der Gelehrte schreibt, sogar eine gewisse »Tradition« haben. Sollte uns also einmal ein Sadduzäer begegnen, der sich auf diese Tradition beruft, dann könnten wir ihm sagen, dass sich ein Schweizer Bibelexperte namens Professor Dr. Walter Bühlmann klar wie folgt dazu geäußert hat:

»Das Gleichnis spielt Menschenhandeln und Gottvertrauen nicht gegeneinander aus. Handeln und Gottvertrauen, Arbeit für das Leben und Wartenkönnen gehören hier zusammen.«

Aber mehr Aussicht, bei unserem Sadduzäer etwas zu bewirken, hätte vielleicht die Feuerwehrgeschichte, die mir einmal ein Seminarteilnehmer erzählt hat, nachdem ich in einem Vortrag, eher beiläufig, ebenfalls von solchen merkwürdigen Frömmigkeitsvorstellungen gesprochen hatte. Diese Geschichte würde Jesus auch gefallen, denke ich. Sie geht so:

Ein frommer Mann verrichtet andächtig sein Gebet. Da fällt ihm die Kerze um und das Tischtuch fängt Feuer. Es wäre ein Leichtes gewesen, die noch kleinen Flammen einfach auszupusten, aber er denkt: »Ich vertraue auf Gott, der wird helfen!« Und das Feuer greift um sich.

Zufällig geht vor seinem Fenster ein Spaziergänger vorbei, zufällig ist der von der Feuerwehr, und er sieht das Malheur. Schnell springt er ins Haus, um das Feuer zu löschen.

»Nein«, wehrt der Fromme ab, noch immer in sein Gebetbuch vertieft, »Gott selbst wird mir helfen!«

Wieder auf der Straße, sieht der Feuerwehrmann, dass schon Rauch aus dem Fenster dringt. Beherzt stürmt er noch einmal ins Haus hinein, doch zum zweiten Mal wird er abgewiesen: »Ich vertraue ganz auf Gott, der wird eingreifen!«

Besorgt alarmiert er seine Kollegen, und als die mit dem Löschfahrzeug anrücken, steht das Haus in Flammen. »Fort mit euch!«, ruft der fromme Mann ihnen aus dem brennenden Hause zu. »Habt ihr denn kein Gottvertrauen?!«

Wenig später ist er in den Flammen zu Tode gekommen, und vorwurfsvoll steht er vor Gott: »Immer habe ich dir vertraut! Immer habe ich mich auf dich verlassen! Wo aber warst du, als ich mich in der größten Not befand?!«

»Was willst du denn?«, antwortet ihm Gott: »Ich hab dir doch dreimal die Feuerwehr geschickt!«

Das wird unserem Sadduzäer weiterhelfen, denke ich. Vielleicht nicht unbedingt in seinem Leben mit Gott, aber wenigstens dann, wenn sein Haus mal brennt ...

Reiche Ernte, aber zu wenig Arbeiter!

Nehmen wir einmal an, auch uns würde ein Mensch begegnen, der tief in seiner Seele spürt, dass ihm etwas Wichtiges fehlt in seinem Leben. Solch einer wie der junge Mann, der zu Jesus gekommen war: einer, der erkannt hat, dass er zwar irgendwie »an Gott glaubt«, aber eigentlich überhaupt nicht mit ihm lebt. Und nehmen wir an, er würde nicht weggehen, wenn wir ihm das mit dem Ziegenstrick sagen oder, falls er von der Küste stammt, das mit dem Schiffstau. Angenommen, er würde wirklich gern den alten Sauerteig wegschaffen wollen aus seinem Herzen und würde uns fragen:

»Sag mal, du Kleinbauer, dass zwischen Gott und mir irgendwie mehr laufen müsste, das merke ich ja selbst; ich will ja auch mehr mit ihm leben als bisher, mehr über ihn nachdenken, zu ihm beten, zu ihm hinhören ... von mir aus wie Maria zum Beispiel – na ja, oder wie ein ›Kleinbauer‹ eben. Aber ...«

Und nun kommt die »Aber«-Frage, die ich schon von vielen Leuten gehört habe. Ich meine nicht das »Aber«-Stöhnen, das nach dem »Aber ...« ungefähr so weitergeht: »... ich schaff es einfach nicht, ich komme irgendwie nicht raus aus meinem alten Trott ...« Wer so stöhnt, mit dem sollten wir uns nochmal etwas näher über den Ziegenstrick und den alten Küchenschrank unterhalten. Wir sollten ihm aber vor allem sagen, dass in seinem Herzen längst schon der gute Sauerteig Gottes steckt, und ihm Mut zusprechen. Vielleicht wäre auch der Rat von meinem Mitbruder, dem Bäcker, recht hilfreich: »Ganz wichtig ist es, dass man dem Sauerteig viel Zeit lässt, damit er den Teig gut durchgären kann. Sonst kriegt das Brot beim Backen Risse, und so ein Brot will dann keiner gern essen ...« Oder denselben Rat, nur mit Worten der heiligen Teresa: »Nichts soll dich ängstigen, nichts dich betrüben ..., Geduld erreicht alles!«

Das »Aber«-Stöhnen also, das meine ich hier nicht. Sondern die »Aber«-Frage! Eine von den echten, ehrlichen »Aber«-Fragen, auf die heute viele Menschen nach Antworten suchen. Menschen, die bereit sind, zu Fuß um den See Gennesaret herumzulaufen, weil ihnen zu Ohren gekommen ist, dass da jemand Brot austeilt, wirklich Brot für ihre ausgehungerte Seele ...

Angenommen, ein solcher Mensch, einer, der so weit gereift ist in seinem Herzen, dass er wirklich mit Gott leben will, fragt uns nun: »Aber mit Jesus leben – mit Jesus! –, wie soll denn das gehen? Wie soll man denn heute, nachdem er schon zweitausend Jahre tot ist, mit ihm ins Sprechen kommen können?« Wenn uns ein solcher Mensch einmal begegnet und wenn der uns dann diese »Aber«-Frage stellt, dann sollten wir ihm unbedingt zuhören! Und ihm eine Antwort geben. Wir sollten – um Gottes willen! – nicht kneifen und die roten Ohren hängen lassen, bloß weil wir vielleicht meinen, wir seien für eine Antwort nicht gebildet genug oder, schlimmer noch, von Standes wegen nicht zuständig ...

Der will doch nicht hören, was in den dicken theologischen Büchern darüber steht, in denen sich freilich nicht jeder von uns auskennen kann! Mir selbst geht es ja ähnlich. Ich habe nach meiner kurzen Jungbauernzeit sehr viele solcher Bücher studiert und könnte ihm sofort, wie aus der Pistole geschossen, die christologischen Lehraussagen der Konzilien von Nicäa, Konstantinopel, Chalcedon und Ephesus herunterrasseln. Aber wenn ich ihm damit komme, dann schaltet der doch sofort auf Durchgang! Der will wissen, wie ich darüber denke. Ich. Und vor allem, wie ich das mache – ich –, das »mit Jesus ins Gespräch kommen«! Der fragt mich als Reinhard, nicht als Priester oder gar als Doktor der Theologie! Worum es ihm geht, das ist: mal jemanden fragen können, der das selbst kennt, das Leben mit Jesus. – Und da kann sich keiner von uns rausreden ...

Jesus hat das den Jüngern damals auch gesagt. Natürlich viel schöner als ich, und wieder mit einem Vergleich aus dem Landleben, für Kleinbauern eben. Die zwei Sätze, die ich meine, stehen im Matthäusevangelium (9. Kapitel) und im Lukasevangelium (10. Kapitel), völlig gleichlautend, weil beide Evangelisten sie wieder aus der REDEQUELLE abgeschrieben haben:

Die Ernte ist groß, aber es gibt nur wenig Arbeiter. Bittet also den Herrn der Ernte, Arbeiter für seine Ernte auszusenden.

Wenn heute ein Christ, der einigermaßen regelmäßig zum Gottesdienst geht, diese Worte hört, denkt er, wir sollen um Priesternachwuchs und um geistliche Berufe beten, um mehr Hauptamtliche in Glaubensverkündigung und Seelsorge. So bekommt er's ja in Predigten und Hirtenbriefen immer gesagt, und das zu tun, ist auch nicht falsch. Aber was Jesus gemeint hat, ist noch etwas anderes. Pfarrer und Bischöfe, die vom Bauernleben nichts verstehen, können das freilich nicht wissen. Denn: Mit den Arbeitern hat Jesus alle seine Jüngerinnen und Jünger gemeint, alle – nicht nur die geweihten oder ordinierten Fachleute für Glaubensangelegenheiten! Das wird uns sofort klar, wenn wir seine Worte so hören, wie sie die Landleute aus Galiläa hörten:

Von der *Ernte* spricht Jesus, und wenn damals Erntezeit war, wenn die reifen Gersten- oder Weizenähren sich schwer an den strohgelben Halmen zur Erde neigten, dann wurden Arbeiter gebraucht – viele Arbeiter! Und zwar nicht nur Leute, die Getreide mähen und Garben binden konnten, die also »vom Fach« waren, sondern auch Leute, die sich damit gar nicht so besonders auskannten. Also auch Städter zum Beispiel. Da mussten nämlich die liegen gebliebenen Ähren aufgelesen werden; da mussten die Getreidegarben ins Dorf gebracht werden; da musste das Unkraut (der Taumellolch vor allem!) aufgesammelt und zu Bündeln geschnürt werden, und und und ... – da gab es jede Menge Arbeit, die jeder machen konnte, der zwei Hände und zwei Füße hat, jeder!

Davon spricht Jesus. Das ist die Situation, die er als Vergleich nimmt. Kurz und bündig fasst er sie – so steht es wörtlich im griechischen Bibeltext – zusammen: *Reiche Ernte, aber zu wenig Arbeiter!* Und sofort wusste damals jeder Bescheid, Dorfmensch wie Stadtmensch: Wenn Erntezeit ist, reichen die Bauersleute und fest angestellten Knechte und Mägde, die »vom Fach« sind, nicht aus. Da werden viele Helfer gebraucht, um die Ernte einzubringen, bevor sie verdirbt. Und die müssen nicht »Hauptamtliche« sein. Nur, was Getreide ist und was Unkraut ist, das freilich sollten sie unterscheiden können. Auch sagt Jesus nicht: »Bittet den Herrn der Ernte ...«, sondern: *Fleht* zu ihm! Wörtlich übersetzt: *Fleht zum Herrn der Ernte, dass er Arbeiter schicke in seine Ernte!* Und das werden sie so manches Mal auch so gemacht haben, die Landleute damals, wenn sie zu wenige waren beim Ernten auf den Feldern der Großgrundbesitzer, besonders dann, wenn ein gutes Erntejahr war. Angefleht (!) haben sie den Besitzer, er möge doch zusätzliche Tagelöhner einstellen und aufs Feld rausschicken! Damit das wertvolle Brotgetreide, das da so ertragreich gewachsen ist, ohne Verlust in die Scheunen kommt!

Und alle, die Jesus zuhörten, wussten dann natürlich auch, was er, dem es immer um das Gottesreich seines Abba ging, ihnen sagen will: Es gibt so viele Menschen, die sind erntereif! Wie der zum Beispiel, der merkt, dass er so wie bisher nicht weiterleben kann, und der uns fragt: »Sag mal, du Kleinbauer ..., wie ist das eigentlich mit dem Leben mit Jesus?« Bei einem solchen Menschen muss nicht mehr gesät werden – das hat Gott schon gemacht! Aber bei der Ernte muss man ihm helfen, diesem Menschen und dem Herrn der Ernte! Und da sind die gefragt, die da gerade gefragt werden: wir alle.

Einmal Kleinbauer – auf ewig Kleinbauer

Was könnten wir also einem solchen erntereif gewordenen Menschen sagen? Und wie könnten wir ihm antworten auf seine »Aber«-Frage?

Ich denke, zuerst einmal sollten wir ihm sagen, dass Jesus doch nicht nur damals lebte und seit zweitausend Jahren tot ist. Denn solange er das denkt, ist es ihm freilich nicht möglich, mit Jesus zu reden.

»Klar, Jesus wurde umgebracht«, werden wir ihm sagen. »Noch dazu auf ganz entsetzliche Art und Weise. Aber Gott hat ihn im Tod doch nicht totgehen lassen! Jesus lebt. Heute noch. Bloß anders. Bei Gott, in der Daseinsweise Gottes. Einmal Kleinbauer – auf ewig Kleinbauer! Und so wie Gott überall da ist, so ist auch Jesus – mit Gott zusammen – überall da. So wirklich da, dass er uns zuhört, während wir jetzt von ihm reden ...«

Manch einem werden wir das freilich ein bisschen näher erläutern müssen. Denn dass einer lebt, wenn er gestorben ist, das können sich heutzutage viele Menschen, selbst solche wie unser »Aber«-Frager, überhaupt nicht vorstellen. Sie glauben nicht an ein Leben nach dem Tod.

Und wenn jemand für diese Meinung Verständnis haben kann, dann – ja, dann sind es wir Kleinbauern! Gerade wir! Wir kennen doch die Vergänglichkeit des Lebens. Wir wissen, dass ein Vogel tot ist, wenn er tot ist. Dass ein Schaf nicht mehr lebt, wenn es geschlachtet wurde. Und wenn der Bauer vom Nachbargehöft, mit dem wir uns vor ein paar Tagen noch wegen seiner Ziege gestritten oder über die Ernteaussichten unterhalten haben, auf dem Friedhof liegt, dann mögen wir uns trösten, dass er jetzt im Himmel ist – doch so richtig daran glauben tun wir irgendwie nicht ... »Junge, so ist halt der Lauf der Dinge«, höre ich noch heute selbst meine tiefgläubigen Eltern sagen, als in meiner Kindheit ein Onkel gestorben war; als ich sie damals fragte, ob er nun wirklich im Himmel sei, antworteten sie mir, ehrlich wie Kleinbauern eben sind: »Es ist noch keiner zurückgekommen ...«

An die Wiedergeburt der Seele in einen anderen Menschen oder gar in ein Tier hinein glauben Kleinbauern natürlich sowieso nicht. Oder dass unser verstorbener Nachbar jetzt als Geist durch seine Scheune spukt ...

Nein, leichtgläubig in solchen Dingen oder gar abergläubisch sind wir nicht. Aber: Genau das macht uns für unsere Zeitgenossen zu durchaus ernst zu nehmenden Gesprächspartnern in dieser wichtigen Angelegenheit, wirklich! Und diesen Vorschuss an Vertrauen in unserem nüchternen Menschenverstand sollten wir nutzen. Doch dann ist es wichtig, dass auch wir selbst Jesus noch einmal ganz genau zuhören. Und dass wir ihn fragen, wie er denn das damals gemeint hat, als er von der Auferstehung der Toten sprach.

Nehmen wir ein Beispiel. Einmal kamen ein paar Sadduzäer zu Jesus. Die dachten auch, *es gebe keine Auferstehung*. Da hat ihnen Jesus klar und deutlich auf den Kopf zugesagt:

Ihr irrt euch sehr!

Markus hat das überliefert, und Matthäus und Lukas haben es bei ihm abgeschrieben, so wortwörtlich, dass wir es nur in einem der drei Evangelien nachzulesen brauchen. Nehmen wir also den Text aus dem Markusevangelium (12. Kapitel), und hören wir diesem Gespräch, auch wenn wir es ja längst kennen, noch einmal aufmerksam zu:

Von den Sadduzäern, die behaupten, es gebe keine Auferstehung, kamen einige zu Jesus und fragten ihn:

Meister, Mose hat uns vorgeschrieben: Wenn ein Mann, der einen Bruder hat, stirbt und eine Frau hinterlässt, aber kein Kind, dann soll sein Bruder die Frau heiraten und seinem Bruder Nachkommen verschaffen. Es lebten einmal sieben Brüder. Der erste nahm sich eine Frau, und als er starb, hinterließ er keine Nachkommen. Da nahm sie der zweite; auch er starb, ohne Nachkommen zu hinterlassen, und ebenso der dritte. Keiner der sieben hatte Nachkommen. Als letzte von allen starb die Frau. Wessen Frau wird sie nun bei der Auferstehung sein? Alle sieben haben sie doch zur Frau gehabt.

Jesus sagte zu ihnen: Ihr irrt euch, ihr kennt weder die Schrift noch die Macht Gottes. Wenn nämlich die Menschen von den Toten auferstehen, werden sie nicht mehr heiraten, sondern sie werden sein wie die Engel im Himmel. Dass aber die Toten auferstehen, habt ihr das nicht im Buch des Mose gelesen, in der Geschichte vom Dornbusch, in der Gott zu Mose spricht: Ich bin der Gott Abrahams, der Gott Isaaks und der Gott Jakobs? Er ist doch nicht ein Gott von Toten, sondern von Lebenden. Ihr irrt euch sehr.

Mose hat uns vorgeschrieben ... Typisch! Genau so sind sie, die Sadduzäer. Immer kommen sie gleich mit den Vorschriften und überhaupt mit dem, was irgendwo geschrieben steht oder nicht geschrieben steht. Das ist auch der Grund, warum sie nicht an ein Leben nach dem Tod glauben. Weil nämlich in den fünf dicken Schriftrollen der TORA von einem ewigen Leben nirgends die Rede ist. »Es ist eine jahrhundertealte Tradition in unserem Volk«, sagen sie, »nicht wie die anderen Völker an ein Leben nach dem Tod zu glauben!« Also glauben sie's auch nicht – und werden wild, wenn einer etwas anderes sagt.

Und mit was für Argumenten die kommen! Stimmt, es gibt in der TORA das Gesetz der Schwagerehe, im Buch Deuteronomium, 25. Kapitel: Damit eine Frau, die noch keine erwachsenen Söhne hat, die sie versorgen könnten, beim Tod ihres Mannes nicht rechtlos und schutzlos wird, soll der Schwager sie heiraten. Zu seiner eigenen Frau noch hinzu. Das kam durchaus vor und wurde so praktiziert im Volk Israel. Aber dass der Schwager nun auch gleich noch stirbt und dann dessen dritter bis siebter Bruder ebenfalls – das anzunehmen, zeugt ja doch von sehr beachtlicher Fantasie! Und natürlich von einem recht üblen Sauerteig in den Herzen dieser Sadduzäer. Was sie erreichen wollen, ist klar: Jesus lächerlich machen mit seiner Rede von der Auferstehung ...

Aber da haben sie sich verrechnet. Darauf fällt Jesus nicht rein! Obwohl selbstverständlich auch er weiß, dass in den ersten fünf Büchern der Bibel von einer Auferstehung der Toten noch nichts geschrieben steht, schlägt er die Streitsucher mit ihren eigenen Waffen. Bibelfest, wie er ist, zitiert auch er aus der TORA! Nämlich aus dem Buch Exodus, 3. Kapitel: *Ich bin der Gott Abrahams, der Gott Isaaks und der Gott Jakobs!*

Dieser Satz meint dort im Textzusammenhang freilich nicht, dass Abraham, Isaak und Jakob bei Gott im Himmel sind. Aber wenn diese Oberklugen so mit der Bibel argumentieren, dann kann er, Jesus, das schon lange – bloß weit intelligenter natürlich!

So, und um ihn jetzt richtig zu verstehen, brauchen wir wieder das kleine bisschen Einfühlungsvermögen, das die genannte Edith Stein uns anrät: Wir dürfen, sagt sie uns, nicht auf die Worte stieren, sondern müssen durch sie hindurchschauen, in Jesus hinein, um zu erfühlen, was in seinem Herzen vorgeht, wenn er – so in diesem Fall – den Sadduzäern antwortet:

Er (Gott) *ist doch nicht ein Gott von Toten, sondern von Lebenden. Ihr irrt euch sehr.*

Nein, das sagt er nicht mit der Schadenfreude eines Besserwissers, zumal er ja genau weiß, dass er dieses Bibelzitat als Beleg für seine Auferstehungsgewissheit nicht heranziehen kann; und mit verurteilendem Zorn über sie wegen ihrer heuchlerischen Absichten sagt er es auch nicht. Das sagt er mit dem Schalk eines Kleinbauernherzens, das über die Enge und Blindheit der Menschen lachen kann! Und sie dennoch nicht auslacht. Das sagt er, weil er sich der Liebe seines Gottes ganz und gar sicher ist! Sein Abba lässt niemanden totgehen – auch Abraham, Isaak und Jakob hat er nicht totgehen lassen!

Deshalb kann er den Gott der längst verstorbenen Stammväter Israels getrost einen *Gott von Lebenden* nennen, auch wenn es nicht in der TORA steht.

Die Freiheit, so mit der Bibel umzugehen – noch dazu im Angesicht hinterhältig-gefährlicher Sadduzäer –, hat freilich nur einer, der ganz vom Reichgottessauerteig durchwirkt ist ... Ein Kleinbauer wie Jesus eben. Und der lacht auch uns nicht aus wegen unserer Zweifel. Er lacht uns an, als *Lebender* bei Gott – zusammen

mit Abraham, Isaak, Jakob, Paula und Emil

und wie sie alle heißen; zusammen mit allen, die, wie der Bauer vom Nachbargehöft, uns den Weg durch das Sterben vorausgegangen sind. Und was er damals den Sadduzäern sagte – falls sie ihm dann doch noch ein bisschen weiter zugehört haben –, das sagt er auch uns. In seiner Kleinbauernsprache klingt es ungefähr so:

»Leute, ganz so dumm, wie ihr daherredet, seid ihr doch gar nicht. Ihr habt völlig recht: Wer tot ist, ist tot. Von Natur aus hat kein Vogel, kein Schaf, kein Esel und kein Mensch die Kraft, nach dem Tod weiterzuleben. Das hat unsere jüdische Glaubenstradition völlig richtig gesehen. Aber, wie ich euch schon sagte: ... *ihr kennt weder die Schrift noch die Macht Gottes!* Der hat die Kraft, uns aus dem Tod herauszuholen! Der hat die Macht dazu! Und da ihm jeder von euch, wie doch unsere Heiligen Schriften ebenfalls sagen, so unheimlich viel wert ist, so viel wie einem *Bräutigam* seine *Braut*, wird er euch doch nicht totgehen und ins Nichts fallen lassen, wenn euer Leben, wie und wann auch immer, zu Ende geht. Nein, er wird euch aufwecken! Mein himmlischer Abba wird euch aus dem Todesschlaf wachrütteln in sein ewiges Leben hinein – weil er euch für immer will! Und weil er will, dass ihr einander für immer habt! Wer dann zu wem gehört, darüber braucht ihr euch jetzt nicht den Kopf zu zerbrechen. Im Reich meines Abba zählen nicht die äußeren, sondern die inneren ›Ehebande‹. – Also, eure Tradition ist gar nicht so verkehrt. Sie bewahrt euch vor leichtgläubigen und abergläubischen Ansichten. Aber ein bisschen größer denken, über eure Traditionen hinaus, das müsst ihr schon! Denn es gibt einen Grund, daran zu glauben, dass wir – ihr wie auch ich – aus dem Totsein aufstehen und im ewigen Gottesreich leben werden, einen einzigen freilich nur, aber der ist von großem Gewicht: weil Gott ein liebender Gott ist, ein Abba!«

So hat er geredet damals, über die Auferstehung und das ewige Leben! So, in seiner Kleinbauernsprache! Und wir, die wir in dieser Sprache geübt sind, müssen ihm helfen, das auch heute weiterzusagen. Genau so weiterzusagen.

Übrigens: Jesus hat immer *aufwecken* und *aufstehen* gesagt, alle Schreiber der neutestamentlichen Schriften auch. Die deutschen Bibelübersetzer haben das »-er-« – also: *auferwecken* und *auferstehen* – nur eingefügt, um ein bisschen feierlicher auszudrücken, was der Abba da am Menschen tut.

Ob die Herren von der Sadduzäerfraktion über das nachgedacht haben, was Jesus ihnen sagte? Ob sie diese Worte wenigstens mal für einen Moment an ihren Verstand herangelassen haben? Ich weiß es nicht.

Auch wie es in Korinth ausgegangen ist, weiß ich nicht. Dort gab es nämlich eine ähnliche Situation in der jungen Christengemeinde. Paulus war schon von Korinth nach Ephesus weitergereist, da hörte er, dass in Korinth *einige sagen*: *Eine Auferstehung der Toten gibt es nicht.* Paulus selbst schreibt das, in seinem ersten Korintherbrief (15. Kapitel). Darin ist auch nachzulesen, wie er darauf reagierte:

Wenn es keine Auferstehung der Toten gibt, ist auch Christus nicht auferweckt worden, schreibt er. Klar, weil er genauso denkt wie Jesus. Weil er weiß: Es ist Gott, allein Gott, der die Kraft hat, jemanden aus dem Todesschlaf aufzuwecken, sowohl Jesus wie auch alle Toten. Würde Gott es nicht tun, dann gäbe es in der Tat kein Leben nach dem Tod – weder für irgendeinen Menschen noch für Jesus. *Er* (Gott) *hat ihn* (Jesus) *eben nicht auferweckt, wenn Tote nicht auferweckt werden*, schreibt Paulus klar und deutlich. *Denn wenn Tote nicht auferweckt werden, ist auch Christus nicht auferweckt worden.*

Aber: Tut er es nun oder tut er es nicht – uns aufwecken aus dem Todesschlaf?

Wenn Gott ein Gott ist, der uns liebt, ein Abba-Gott also, dann macht er es. Gottes Liebe berechtigt uns, darauf zu bauen, dass er es tatsächlich tut. Es gibt nur diesen einen Grund, an ein Leben nach dem Tod zu glauben, aber das ist ein Grund! Kein abergläubischer und kein leichtgläubiger, sondern ein sehr vernünftiger, logischer Grund!

Gott lässt doch niemanden totgehen, den er liebt! Keinen einzigen Dorfmenschen und keinen einzigen Stadtmenschen. Es sei denn, es will einer unbedingt tot sein für immer – was Gott dann unvorstellbar weh täte! (Im ersten Buch JESUS FÜR KLEINBAUERN haben wir uns das ja bereits klargemacht.) Und Jesus hat er schon gleich gar nicht totgehen lassen. Er hat ihn sofort aufgeweckt, als er in den Todesschlaf gefallen war, und da ist Jesus »aufgestanden« aus dem Totsein und lebt nun in der Daseinsart, in der sein Abba lebt.

Also können wir – deshalb schreibe ich das alles – mit Jesus auch heute ins Gespräch kommen. Genau so wie mit Gott.

Wenn wir das jemandem sagen, der noch nicht so erntereif ist wie unser »Aber«-Frager, müssen wir allerdings damit rechnen, dass er uns mitleidig anschaut und bei sich denkt: »Typisch Kleinbauer! Woher will der denn wissen, dass überhaupt ein Gott existiert? Dass es den überhaupt gibt, der Tote lebendig machen kann!« Wahrscheinlich wird uns dann solch ein Zeitgenosse sagen: »Sieh mal, du Kleinbauer,

wenn es Gott gäbe – was Gott verhüten möge! –, dann ...

müsste man ihn ja irgendwie sehen; dann müsste man zumindest irgendwie beweisen können, dass es ihn gibt!«

Jesus hatte es gut, er brauchte sich mit solchen Einwänden nicht auseinander zu setzen damals. Da haben noch alle Menschen, Juden wie Nicht-Juden, daran geglaubt, dass es Gott – oder eine ganze Götterschar – gibt. Erst seit ein paar Generationen ist das anders, in unseren Breiten vor allem. Auch ich musste mir in der Schule anhören, dass es Gott doch gar nicht gibt. Weil man ihn ja nicht beweisen könne. Und wer trotzdem an Gott glaubt, der sei rückschrittlich, sagte uns schon in den ersten Klassen der Dorfschullehrer. Das hat mich geärgert. Also habe ich unsern Kaplan gefragt, was er denn dazu meint. Zu der Zeit gab's nämlich für hungrige und verwirrte Schafe noch Hirten in erreichbarer Nähe, und Zeit hatte der Kaplan auch gleich für mich. »Weißt du, Reinhard«, hat er geantwortet, »euer Lehrer hat Recht: Wir können Gott nicht beweisen, wir glauben, dass es ihn gibt. Aber der Lehrer kann seinen Atheismus auch nicht beweisen, er glaubt, dass es Gott nicht gibt.« – Das hat mir sehr weitergeholfen.

Später, in der Studentenzeit, habe ich dann den anderen Glauben mal ausprobiert. Richtig entschlossen und ernsthaft. Ein ganzes Jahr lang. Bis ich kapiert habe – und ich bin überzeugt, der bei Gott lebende Jesus selbst hat dafür gesorgt, dass mir das klar wurde: An Gott glauben ist irgendwie mehr, irgendwie größer. Jedenfalls wenn man nicht abergläubisch von Gott denkt oder so kleinkarierte Vorstellungen von ihm hat, wie Sadduzäer und ähnliche Leute sie haben.

Man muss sich schon klarmachen, dass Gott für die Augen nicht sichtbar ist; gar nicht sichtbar sein kann! Weil er verborgen hinter allem da ist, was unsere fünf Sinne wahrnehmen können – sonst wäre er ja gar kein richtiger Gott. Ja, das muss man sich schon klarmachen! Und man muss schon an einen solchen Gott glauben, wie Jesus ihn uns gezeigt hat: an einen Abba-Gott, der uns über alle Maßen liebt. Sonst wird das mit dem Glauben freilich nichts Vernünftiges, weder mit dem Glauben an Gott überhaupt, noch mit dem Glauben an die Auferstehung ...

Ich habe die Erfahrung gemacht, dass ein Glaube, wie Jesus ihn vorgelebt hat, wirklich was macht mit mir. Und dahinter will ich nicht mehr zurück. Kann ich eigentlich auch gar nicht mehr.

Immerhin kann ich aber seit meiner atheistischen Zeit religionslose Menschen besser verstehen. Die meisten sind nämlich, so ist mir klar geworden, nur deshalb religionslos, weil sie, wie ich damals, falsche Vorstellungen von Gott haben. Weil ihnen noch niemand vom Abba-Gott erzählt hat. Eine Frau zum Beispiel, die immer dachte, dass Religion sowieso nichts für sie sei, sagte mir, nachdem sie JESUS FÜR KLEINBAUERN gelesen hatte: »Ich konnte gar nicht mehr aufhören mit dem Lesen – das hab ich ja alles gar nicht gewusst über Jesus und die Bibel und dass Gott so wunderbar ist!« Oder unser religionsloser Heizungsfachmann im Ort, der hatte nach dem Lesen gleich einen Wunsch: Ich solle doch noch so ein Buch schreiben, wenn's geht, mit dem Titel »Jesus für Heizungsinstallateure« ...

Und solchen kämpferischen Atheisten wie Richard Dawkins, der sich mit seinem Buch DER GOTTESWAHN (von 2006) ziemlich bissig gegen uns Christen aufführt, kann ich seither auch leichter auf die Schliche kommen: So einer will einfach an Gott nicht glauben; er will nicht glauben, also kann er nicht glauben und also sind für ihn alle Menschen Schurken, die an Gott glauben und andere zum Gottesglauben »verführen« ... Na ja, mit diesem »Atheismuswahn« im Herzen muss er selbst klarkommen. Gott gibt ihn trotzdem nicht auf.

Und dann gibt es noch Menschen – sehr viele –, da kann man doch nur froh sein, dass sie nicht religiös sind.

Die sind nämlich auch ohne Religion zufriedene und gute Mitmenschen. Auch denen hat Gott seinen Reichgottessauerteig in Herz und Verstand gegeben; wenn man ihnen in die Augen sieht, kann man sehr gut erkennen, wie groß der Batzen Liebe ist, den Gott in ihren Herzenskleister hineinversteckt hat. Nur ist ihnen selbst nicht bewusst, wer und was sie da durchgärt.

Gott wird schon wissen, sage ich mir, warum das besser so für sie ist. Jedenfalls kann man von solchen Menschen viel Menschliches lernen, und es wäre wirklich schade, wenn sie plötzlich alle katholisch werden würden oder evangelisch. Ehrlich, mir würde dann richtig was fehlen!

Es gibt natürlich auch Leute, die glauben an Gott, aber sie denken: Gott, das ist nicht ein Jemand, der auch denkt und fühlt, sondern eher so etwas wie

eine »allumfassende Energie« oder so

– und die können natürlich ebenfalls nicht mit Gott ins Gespräch kommen. Mit Jesus gleich gar nicht. Wie denn auch! Mit einer »Energie« oder »Kraft« oder sonst einem »Etwas« kann man nun mal nicht reden. Höchstens sich still hinsetzen, die Augen zumachen und in die Seele »göttliche Energie einatmen«. Das machen heute eine ganze Menge Menschen, und manche können stundenlang so dasitzen. Ich hab es auch mal eine Zeit lang probiert. Es ist eigentlich gar nicht schwer, und ein bisschen ruhiger und gesammelter wird man dabei schon. Aber glücklich geworden bin ich damit nicht. Jedenfalls ist es etwas ganz anderes, sich still hinzusetzen und dann an Gott zu denken – an Gott, nicht an ein »Etwas« oder an überhaupt nichts.

Solche Leute sagen, Gott könne doch gar nicht wie eine Person sein. Das sei zu menschlich von Gott gedacht. Ich weiß ja nicht, was sie sich unter »menschlich« vorstellen und unter »Person«. Für mich ist Person ein lebendiges Wesen, das von sich »ich« sagen und zu anderen »du« sagen kann. So wie ich und so wie meine Mitmenschen »ich« sagen und »du« sagen können. Und

Gott sollte das nicht können? Dann wäre er ja zu weniger fähig und von geringerer Daseinsart als wir Menschen! Das lassen sich doch Kleinbauern nicht weismachen! – Schon Jahrhunderte vor Jesus hat mal einer aus dem Volk Israel zu den Leuten gesagt:

Begreift doch, ihr Toren im Volk! Ihr Unvernünftigen, wann werdet ihr klug? Sollte der nicht hören, der das Ohr gepflanzt hat, sollte der nicht sehen, der das Auge geformt hat?

In den Psalm 94 haben sie das dann mit hineingeschrieben, so wichtig war den jüdischen Bibelschreibern dieser weise Ausspruch. Sollte denn der, wollten sie also sagen, der menschliche Personen geschaffen hat – nach unserem heutigen Wissen noch dazu mit dem riesengroßen Aufwand der Evolutionsgeschichte! –, sollte denn der nicht Person sein? Das hieße ja, von Gott denken, er könne nicht mal denken! So etwas zu denken, ist ja nun wirklich nur ganz und gar *Unvernünftigen* möglich!

Selbstverständlich ist jedem Kleinbauern klar, dass die göttliche Person noch viel, viel mehr Person ist als eine menschliche Person; wir können ja wohl noch zwischen menschlicher und göttlicher Person unterscheiden! Aber kleiner als ein Mensch, also weniger als eine menschliche Person kann Gott nicht sein. *Begreift doch, ihr Toren im Volk!*

Übrigens nennen manche das, was sie da von ihrem »Etwas« zu erleben hoffen, auch Einssein. Sie meinen eins sein mit der Natur, mit dem ganzen Kosmos, mit dem großen Nichts oder mit dem, was sie »das Göttliche« nennen, je nachdem, wie sie von der »allumfassenden Energie« weltanschaulich denken. Viel Geld geben sie aus, um in Kursen und Seminaren dieses Einssein durch komplizierte Meditationsmethoden samt Beineverschränken im Lotossitz mühsam zu erlernen. Ob das dann in ihrem Lebensalltag auch immer so klappt mit dem Einssein und dem Energieeinatmen, weiß ich nicht ...

Klar kann man »göttliche Energie« in sich einatmen – aber nicht von einem nebulösen Etwas, sondern von einem, der als göttliche Person seine Lebenskraft in uns »hineinatmet«. Ich jedenfalls habe die Erfahrung gemacht, dass ich viel mehr Lebenskraft bekomme, wenn ich mit Gott rede und mit seinem Jesus, als wenn ich mich nur hinsetzen würde und von irgendwoher aus dem »All« oder dem »Nichts« Lebenskraft tanken wollte.

Auch in der Bibel ist vom Einssein die Rede, im Johannesevangelium, vor allem im 17. Kapitel. Da betet Jesus: *Vater, alle sollen eins sein*. Martin Luther hat dieses Gebet das HOHEPRIESTERLICHE GEBET genannt. Wir Katholischen nennen es das ABSCHIEDSGEBET JESU, weil Jesus es am Abend vor dem Karfreitag gebetet hat. Aber wie auch immer wir's nennen, das Wort

»eins sein« meint etwas ganz anderes

bei Jesus! Bei ihm geht es um das Einssein zwischen uns, den Katholischen, den Evangelischen und den vielen sonst noch Christlichen – jedenfalls verstehen wir seine Worte so, wenn wir sie in einem ökumenischen Gottesdienst oder bei ähnlichen Gelegenheiten hören.

Solche ökumenischen Gottesdienste kennen die Betagteren unter uns freilich nicht gerade aus ihrer Jungbauernzeit. Denn es ist noch gar nicht so lange her, da waren sich katholische und evangelische Bauern nur menschlich manchmal eins, christlich nicht. Sie halfen sich – auch in dem Dorf, in dem ich bis zu meinem vierzehnten Lebensjahr Jungkleinbauer war – zwar bei der Ernte, die Frauen borgten sich untereinander Mehl und Zucker, manchmal auch Eier, wenn die eigenen Hühner schlecht gelegt hatten, und die Männer trafen sich abends in der Schenke, aber man ging doch nicht gemeinsam in die Kirche! Die Kirche der Evangelischen haben die Katholischen sowieso nicht betreten. Ich war als Zehnjähriger mal heimlich drin, mit dem evangelischen Nachbarjungen. – *Vater, alle sollen eins sein* wurde damals noch nicht gebetet. Mit dem christlichen Einssein war noch nichts; auch das bisschen Einssein, das heute erlaubt ist, gab es noch nicht.

Könnte ich meine Urgroßmütter und meine Ururururgroßmütter noch fragen, würden die sogar nicht einmal auf den Gedanken kommen, die Worte Jesu mit der Einheit der Kirche in Verbindung zu bringen. Angenommen, sie hätten über das ABSCHIEDSGEBET JESU mal eine Predigt gehört, dann hätten sie gewusst, dass Jesus das mit dem *eins sein* ganz anders gemeint hat. Nein, nein – nicht so wie die Leute im Lotossitz. So auch nicht. Sondern so, wie es ja dasteht in der Bibel:

Alle sollen eins sein: Wie du, Vater, in mir bist und ich in dir bin, so sollen auch sie in uns sein …

Hier geht's doch nicht um das Einssein mit dem Kosmos oder mit einem göttlichen Etwas! Aber auch nicht um das Einssein zwischen den christlichen Konfessionen oder überhaupt zwischen den Menschen. Hier betet Jesus um das Einssein der Menschen mit dem Abba, mit seinem und unserem Abba! Und mit ihm selbst, mit Jesus! (Er sagt: *in uns*, also in seinem Abba und in ihm.)

Mit *eins sein* meint Jesus: dass wir mit Gott, dem Abba, und mit ihm, dem Auferstandenen und bei Gott Lebenden eine innerliche Freundschaftsbeziehung haben sollen; dass wir also mit ihm und dem Abba »ins Gespräch kommen« sollen. Das meint er mit *eins sein*! Und dass wir uns im Denken und Handeln mit ihnen beiden ganz einig sein sollen. Das haben die Prediger, falls sie darüber gepredigt haben, durch Jahrhunderte hindurch den Leuten auch so gesagt. Vielleicht auch meinen Ur- und Urururgroßmüttern. – Was die richtige

Auslegung des ABSCHIEDSGEBETES anbelangt, da hatten also die alten Prediger Recht, nicht die modernen.

Darauf hat übrigens schon in den 1970er Jahren, während ich noch Theologie studierte, der katholische Bibelgelehrte Rudolf Schnackenburg aus Würzburg hingewiesen: »Alle Erklärungen«, schrieb er, »die nur an die äußere Eintracht, Vereinigung, ›horizontale‹ Einigung denken, greifen zu kurz.« So sehr die Einheit der Christen untereinander als ein zentrales Anliegen Jesu betrachtet werden dürfe: hier gehe es »um eine in Gott gründende, aus seiner Liebe lebende Einheit«, die »dann freilich auch zu brüderlicher Einigung verpflichtet«.

In verständliche Kleinbauernsprache übersetzt: Freilich sollen wir Katholischen und Evangelischen uns einig sein; Leute mit einem Kleinbauernherzen, katholische und protestantische, sind sich inzwischen sowieso schon viel mehr einig, als es die Kirchenleitungen mitkriegen! Aber Jesus geht es um noch viel mehr: Wir sollen mit Gott und mit ihm einig sein, wir alle!

Dieser Theologieprofessor aus Würzburg, der das neu erkannt hat, war übrigens nicht irgendjemand! Unser eigener Bibelgelehrter in Erfurt, Professor Heinz Schürmann, der sogar den Papst beraten hat, hat uns mal gesagt: »Meine Herren, es gibt zurzeit nur zwei große Bibelwissenschaftler. Der andere lehrt in Würzburg.«

Ich bin ja bloß ein Kleinbauernsohn, aber wie bin ich froh, dass ich von so großen Gelehrten etwas lernen konnte! Und noch mehr macht mich froh, dass Jesus nicht nur für die damaligen Jünger gebetet hat, sondern, wie er im ABSCHIEDSGEBET sagt, auch für alle, die durch ihr Wort an mich glauben. Da bin ich demnach mitgemeint! Und unser »Aber«-Frager auch. Das allein schon gibt mir mächtig Energie und Lebenskraft, ohne dass ich erst das Kosmische oder das Göttliche oder das Nichts anzapfen muss ...

Mit Jesus ins Gespräch kommen

So, und nun dürfte aber alles geklärt sein. Klar kann man auch heute noch mit Jesus leben, ja mit ihm sogar ins Gespräch kommen! Genau so wie mit seinem Abba. Jesus hat sogar sehnlichst dafür gebetet, dass wir das tun. Der Jesus von damals, der jetzt bei Gott ist, der ist da, wirklich da. Und sein Abba ist da. Ich brauche nur an sie zu denken.

Aber Kleinbauern werden an Jesus natürlich nicht nur denken. Sie reden mit ihm. Sie reden ja auch mit ihren Tieren, manche Städter sogar mit den Topfpflanzen auf ihrem Balkon – also werden wir doch auch dazu fähig sein, mit Gott und dem aufgeweckten Jesus zu reden!

Man kann sich zum Reden mit Jesus ein Buch zu Hilfe nehmen, das Gebete enthält. Solche Bücher können wir auch unserem »Aber«-Frager empfehlen. Jedoch sollten wir vorher persönlich überprüfen, ob das Buch wirklich Gebete oder nur Gebetstexte enthält. Gebete erkennt man daran, dass man sie innerlich mitsprechen kann zu Jesus und zu seinem Abba hin. Es sind Worte, die ein anderer schon vor uns gebetet hat; es ist, wie wenn der uns in unserem Herzen abholt und mit hinnimmt zu Gott.

Gebetstexte dagegen sind an irgendeinem Schreibtisch entstanden – und das merkt man sofort! Das merkt vor allem auch unser »Aber«-Frager. Ein Mensch, in dessen Herz die Saat, die Gott in ihn hineingesät hat, aufgegangen und erntereif geworden ist, erkennt genau, ob so ein Text ihn zu Gott hin abholt oder ob da einer bloß Theologenwörter zusammengeschrieben hat.

Und selbstverständlich können wir auch ohne Bücher beten. Mit unseren eigenen Worten. Was in den Gebetbüchern steht, hat Jesus ja sowieso schon zigtausend Mal gehört; unsere eigenen Worte sind ihm mit Sicherheit immer am liebsten – obwohl er die natürlich auch kennt, schon bevor wir sie ausgesprochen oder auch nur gedacht und gefühlt haben ... Druckreif brauchen wir nicht zu reden, geziert und verschnörkelt sowieso nicht; wenn Gott Kleinbauer geworden ist, dann versteht er am besten die Kleinbauernsprache. Und das Meiste liest er uns ohnehin direkt vom Herzen ab.

Wir wissen auch, dass wir gehört werden. *Der das Ohr geschaffen hat, sollte der nicht hören?* Selbstverständlich hört er. Die leisesten Töne hört er. Die ganz leisen wahrscheinlich sogar am liebsten.

Also, mal ganz konkret. Mit Jesus ins Gespräch kommen, das geht so: Ich denke daran, dass Jesus da ist und dass er mich hört. Und dann sage ich ihm einfach, was ich von ihm will. Zum Beispiel: Ich habe keinen Wein mehr, gib mir

bitte ein paar Flaschen Spätlese!

Und wenn ich dann noch drei Vaterunser dazubete, dann erhört er mich – sofort – und gibt mir ein paar Flaschen ...

Ehrlich, ich hab wirklich mal gedacht, dass es so geht, das »mit Jesus ins Gespräch kommen«. Naja, nicht gerade um Spätlese hab ich damals gebetet. So etwas Köstliches kannten wir DDR-Kleinbauern bis zum Einssein mit den Städtern, Kleinbauern und Großbauern aus dem westlichen Deutschland ja gar nicht. Ich sage das mit der Spätlese nur als Beispiel, weil es doch immer heißt – und wie wir gesehen haben, völlig zu Recht –, man soll sich beim Beten Maria zum Vorbild nehmen. Und die hat ja wirklich zu Jesus, ihrem Sohn, gesagt: Sie haben keinen Wein mehr. Das war bei einer Hochzeitsfeier, in Kana, ganz in der Nähe von Nazaret. Im Johannesevangelium, gleich im zweiten Kapitel, wird davon erzählt:

Am dritten Tag fand in Kana in Galiläa eine Hochzeit statt, und die Mutter Jesu war dabei. Auch Jesus und seine

Jünger waren zur Hochzeit eingeladen. Als der Wein ausging, sagte die Mutter Jesu zu ihm: Sie haben keinen Wein mehr.

Jesus erwiderte ihr: Was willst du von mir, Frau? Meine Stunde ist noch nicht gekommen.

Seine Mutter sagte zu den Dienern: Was er euch sagt, das tut!

Es standen dort sechs steinerne Wasserkrüge, wie es der Reinigungsvorschrift der Juden entsprach; jeder fasste ungefähr hundert Liter.

Jesus sagte zu den Dienern: Füllt die Krüge mit Wasser! Und sie füllten sie bis zum Rand.

Er sagte zu ihnen: Schöpft jetzt, und bringt es dem, der für das Festmahl verantwortlich ist.

Sie brachten es ihm. Er kostete das Wasser, das zu Wein geworden war. Er wusste nicht, woher der Wein kam; die Diener aber, die das Wasser geschöpft hatten, wussten es. Da ließ er den Bräutigam rufen und sagte zu ihm: Jeder setzt zuerst den guten Wein vor und erst, wenn die Gäste zu viel getrunken haben, den weniger guten. Du jedoch hast den guten Wein bis jetzt zurückgehalten.

So tat Jesus sein erstes Zeichen, in Kana in Galiläa, und offenbarte seine Herrlichkeit, und seine Jünger glaubten an ihn.

Danach zog er mit seiner Mutter, seinen Brüdern und seinen Jüngern nach Kafarnaum hinab. Dort blieben sie einige Zeit.

Merkwürdig: Während des Theologiestudiums hat mir keiner gesagt, auch unser berühmter Bibelprofessor nicht, wie Mirjam das mit dem Wein gemeint hat. Erst als ich später die Schriften des heiligen Johannes vom Kreuz las, meines Ordensvaters aus dem sechzehnten Jahrhundert, habe ich verstanden, was sie wirklich gesagt hat. Der hat mich drauf gebracht, denn er schreibt: »Der Mensch, der mit Christus eins ist, beschränkt sich darauf, dem Geliebten seine Not und Qual vorzustellen; denn wer besonnen liebt, wird nur auf seine Bedürftigkeit hinweisen, anstatt das Gewünschte zu erbitten; so bleibt die Weise der Abhilfe dem Geliebten überlassen. So sagte die gesegnete Jungfrau auf der Hochzeit nur dieses zu ihrem geliebten Sohn: ›Sie haben keinen Wein mehr‹ ...«

Stimmt! Maria hat gar nicht »Bitte, gib mir ...« gesagt. Sie hat ihm nur die Not erzählt. Und nicht mal ihre eigene, sondern die Not von Jakob und Esther. (Ich nehme mal an, dass die Brautleute so hießen; in der Bibel werden ihre Namen ja leider nicht genannt.) Die waren wirklich in große Not gekommen mit den Gästen, mit denen sie, wie es damals Brauch war im Heiligen Land, fast eine ganze Woche lang ihre Hochzeit feierten. Und selbst wenn sich Mirjam am liebsten Spätlese für die beiden und ihre Gäste gewünscht hätte: Sie hat es Jesus überlassen, wie und womit er ihnen aus der Patsche hilft. – Schon wieder was gelernt von Jungfrau Mirjam ...

Selbstverständlich dürfen wir Jesus auch um etwas bitten, wenn wir mit ihm reden. Wir dürfen auch dazusagen, dass uns Spätlese am liebsten wäre. Aber wir sollten dennoch ihm und seinem Abba »die Weise der Abhilfe« überlassen. Sie haben doch auch Ideen! Auf die wir nie kommen würden! In Kana zum Beispiel ist durch Jesus *Wasser zu Wein geworden*!

Nicht dass Jesus aus Wasser einfach Wein gezaubert hätte! So leicht hat er sich das nicht gemacht, und so steht es ja auch nicht in der Bibel. Nein, gezaubert hat Jesus nie – aber Wunder wirkt er, heute noch! Das Wunder bei der Hochzeitsfeier in Kana bestand darin, dass die Hochzeitsgäste glücklich sein und fröhlich feiern konnten – einfach, weil Jeschua aus Nazaret dabei war!

»Wisst ihr noch«, so werden sich die Leute bald nach der Feier erzählt haben, »damals bei der Hochzeit von Jakob und Esther? Da haben wir ein Fest erlebt! Diese Hochzeit werden wir nie vergessen! Da war doch dieser Jeschua dabei, den seine Begleiter Rabbi nannten. Einfach dadurch, dass der da war, wurde aus dieser Hochzeit wirklich ein Fest! Da war nichts von Langeweile, nichts von fader Stimmung, kein mühsames Suchen nach Gesprächsstoff, wie wir das von langen Familienfeiern her kennen, da war kein gekünsteltes Possenreißen nötig, um über die Durststrecken hinwegzukommen. Und wie der erzählen konnte, so einfach, so aus dem Leben gegriffen! Auch von Gott und von unserem Glauben hat er gesprochen, und sogar dabei hat er gelacht und uns zum

Lachen gebracht! Alles, was er sagte, war so verständlich für uns – und es ging so tief ins Herz. Der hat uns alle angerührt. Und wie er jeden von uns ernst genommen hat! Da war man einfach wieder wer. Dieser Jeschua hatte eine Ausstrahlung! Da ging etwas aus von ihm, da wurde alles fade in unseren Herzen ...«

– und nun suchten sie nach einem passenden Vergleich, damit alle, denen sie von dieser Hochzeit erzählten, sofort verstehen konnten, was sie meinen. Und sie fanden einen:

»... das war, wie wenn Wasser zu Wein würde! Ja – da wurde aus dem faden Wasser in unseren Herzen ein köstlicher Wein!«

Die Schreiber des Johannesevangeliums brauchten das ihren Christen gar nicht so ausführlich wiederzuerzählen. Sie schreiben nur kurz und bündig: ... *Wasser, das zu Wein geworden war*! Wörtlich heißt es da: Er – und gemeint ist nicht der »Speisemeister«, wie Martin Luther übersetzt, oder ein Mann, »der für das Festmahl verantwortlich ist«, wie es im obigen Text der EINHEITSÜBERSETZUNG steht, sondern derjenige, der bei Hochzeiten mit Weineinschenken, Weinnachschenken und Possenreißen für gute Stimmung sorgen soll; in der Lausitz, meiner Heimat, nennt man ihn in den Dörfern den Hochzeitsbitter. Der also *kostete das Wasser, das zu Wein geworden war*. – Das verstanden sie alle in der Johannesgemeinde, zumal sie ja dieselbe Erfahrung auch schon gemacht hatten: Lass dich mit Jesus ein, und irgendwie wird alles anders in deinem Herzen. Es ist wie ein Wunder! Ein Wunder, das immer dann geschieht, wenn man nicht Spätlese oder so was von Jesus will, sondern einfach nur mit ihm zusammensein möchte, einfach nur seine Freundschaft sucht, einfach nur ihn selbst.

Wenn wir das jemandem sagen, der diese Erfahrung nicht kennt – nun, dann wird der auch das Wunder von Kana nicht verstehen. Der denkt dann vielleicht, dass Jesus tatsächlich gezaubert hat. Wir könnten ihn dann wenigstens darauf hinweisen, dass Jesus ein sehr großer Zauberer gewesen sein muss, denn über 600 Liter Wasser hat er in Wein verwandelt! (In Worten: über sechshundert!) Nachrechnen kann er es ruhig selbst, falls er uns auch das nicht glaubt. Alle Zahlen, die er dazu braucht, findet er im Bibeltext, und wenn er ganz genau rechnen will, kann er noch in der EINHEITSÜBERSETZUNG die Fußnote dazu lesen!

Und dann könnten wir ihn noch fragen, ob er denn meint, dass es klug war von Jesus, die Leute mit so viel Alkohol in Versuchung zu bringen ... Wenn er dann antwortet wie der heilige Hieronymus, der einmal gesagt hat, das sei schon in Ordnung mit dem vielen Wein, denn: »Wir trinken ja heut noch davon!«, dann, ja dann hätte er doch etwas kapiert ...

Wir müssen natürlich darauf gefasst sein, dass uns jemand sagt: »Wenn du Gott um Spätlese bittest, dann gibt er sie dir auch! Aber wie viele Flaschen er dir gibt – und ob er dir überhaupt welche gibt –, das hängt davon ab, wie viele Gebete du sprichst. Für deine drei Vaterunser kannst du freilich nicht viel erwarten!« – Nehmen wir mal an, es ist nicht gerade der Eigennutzsauer, der ihn zu solchen Ansichten gebracht hat, also die Milch-und-Käse-Frömmigkeit, gegen die Meister Eckehart predigte, dann könnten wir dem, der uns so kommt,

das Gleichnis vom glücklichen Tagelöhner

erzählen. Pass mal auf, könnten wir ihm antworten. Stell dir vor, du hast keine feste Arbeit und du hast eines Tages kein Geld mehr, deine Familie über den nächsten Tag zu bringen. Es ist gerade Erntezeit – nehmen wir mal an, Erntezeit im Weinberg – und du weißt, dass sie heute auf dem Weingut Leute suchen fürs Traubenernten. Du gehst frühmorgens also hin, um dich für den Tag anheuern zu lassen. Acht Euro die Stunde soll's geben. Das wären, so rechnest du dir aus, bei acht Arbeitsstunden 64 Euro für den Tag. Was du für das Geld alles kaufen könntest! Für deine Frau, deine drei Kinder, die zwei Katzen, den Hund und die Schwiegermutter ...

Nun stehst du da, und etliche andere stehen auch da. Der Personalchef vom Weingut kommt und heuert fünf von euch an. Die jungen und dynamischen. Und du stehst immer noch da ...

Zu Mittag – du sitzt inzwischen mit den andern in der Schenke und hast dir von den letzten Cent ein Bier genehmigt – kommt der Chef noch einmal. Er braucht noch ein paar Leute, sagt er. Du bist wieder nicht darunter.

Kurz vor Feierabend – ihr sitzt noch immer herum – kommt der Weinbergmensch erneut zu euch. Und es jammert ihn, wie ihr da trostlos und enttäuscht in die leeren Biergläser starrt. Kommt mit, sagt er, es gibt noch Arbeit für eine Stunde. Und du gehst mit. Weißt selbst nicht, warum.

Dann macht er Lohnauszahlung. Dich und die anderen Letzten zahlt er zuerst aus. 64 Euro bekommst du, bar auf die Hand. Du traust deinen Augen nicht und weißt nicht, wie dir geschieht. 64 Euro! Für die eine Stunde ...

Dann sind die anderen an der Reihe. Die von Mittag an gearbeitet haben. 64 Euro. Und dann die fünf, die geschuftet haben von frühmorgens an und völlig durchgeschwitzt sind. 64 Euro. – Und du stehst da, kannst immer noch nicht glauben, was dir geschieht, und hörst, wie sie schimpfen: »So eine Ungerechtigkeit! ...«

Ich hab das mal in einem Bibelseminar erzählt. Da war Herr S. dabei. An dieser Stelle muss ich erwähnen, dass er ein Jurist ist. »Gerecht ist das wirklich nicht«, sagte er in die Runde hinein. »Da kann der Weingutbesitzer nur froh sein, dass es damals noch keine Gewerkschaft gab – die hätten ihn glatt vors Arbeitsgericht gebracht!« Er wusste natürlich sofort, dass ich ein Gleichnis von Jesus erzählt hatte – nur ein bisschen verfremdet freilich; in der Bibel steht es im 20. Kapitel des Matthäusevangeliums. Und dann schmunzelte Herr S. und sagte: »Aber so ist Gott ...«

Später, als er noch einmal in Ruhe darüber nachgedacht hatte, schrieb er mir: »Wenn ich dieses Gleichnis von den Arbeitern im Weinberg – wie Du – aus der Perspektive des Tagelöhners betrachte und mich in ihn hineinversetze, wird mir erst so richtig bewusst, was Jesus sagen möchte: Dass Gottes ›Gerechtigkeit‹ größer ist als das menschliche Lohn-Leistungs-Prinzip. Er gibt dem Tagelöhner, was er für sich und seine Familie zum Leben braucht, nicht was er sich aufgrund von Leistung verdient hat.«

Und dann fiel ihm noch ein: »Hieß es nicht in der Enzyklika von Papst Benedikt, dass Gott uns ›vorleistungsfrei‹ liebt? – Eigentlich müsste man das Gleichnis dann doch nennen: ›von der vorleistungsfreien Liebe Gottes und vom glücklichen Tagelöhner‹ ...«

Ob auch unser Vaterunserzähler das Gleichnis verstehen wird? Es könnte ja sein. Jesus jedenfalls, das ist sicher, freut sich göttlich, wenn wir versuchen, ein bisschen was vom Sauerteig dieses Gleichnisses unters Mehl des religiösen Kapitalismus zu mixen ...

Aber da wir gerade bei der Juristerei sind: Ein wichtiger Grundsatz für unser Gespräch mit Jesus und seinem Abba lautet:

Nichts ohne meinen Anwalt!

Wo ich das nun wieder herhabe? Aus der Bibel! Konkret aus dem Johannesevangelium, aus den so genannten ABSCHIEDSREDEN JESU. Ich schreibe die zwei Stellen, die ich meine, hier mal heraus:

Ich werde den Vater bitten, und er wird euch einen anderen Beistand geben, der für immer bei euch bleiben soll. Es ist der Geist der Wahrheit ... Ihr kennt ihn, weil er bei euch bleibt und in euch sein wird ... Der Beistand aber, der Heilige Geist, den der Vater in meinem Namen senden wird, der wird euch alles lehren und euch an alles erinnern, was ich euch gesagt habe. (14. Kapitel)

Wenn aber jener kommt, der Geist der Wahrheit, wird er euch in die ganze Wahrheit führen ... Er wird von dem, was mein ist, nehmen und es euch verkünden. (16. Kapitel)

Von einem Anwalt ist hier nicht die Rede, stimmt. Weil ihn nämlich die Bibelübersetzer hinter anderen Ausdrücken versteckt haben. *Beistand* haben sie geschrieben; in der Übersetzung Martin Luthers steht *Tröster*. Das Originalwort aber heißt *parákletos*, und das war bei den Griechen die Bezeichnung für den Anwalt. Jesus, der ja aramäisch gesprochen hat, wird, ganz ähnlich klingend, »praklit« gesagt haben. Wer heute nach Israel reist und dort mal schnell einen Rechtsanwalt braucht, ist fein raus, wenn er das weiß. Denn noch immer sagen sie dort »Herr Praklit« zum Rechtsanwalt und »Frau Praklit« zur Anwältin.

Damals, so müssen wir allerdings wissen, war ein Anwalt nicht nur bei Gerichtsverhandlungen wichtig. Er war auch so etwas wie ein Lebensberater. Man ging zu ihm – oder zu ihr, denn Frauen können einem ja manchmal noch besser weiterhelfen –, um sich Auskunft und Rat zu holen, nicht nur in Rechtsfragen, sondern in den verschiedensten Lebensangelegenheiten.

Mit einem solchen Menschen vergleicht Jesus den Heiligen Geist. Er sagt von ihm, dass er uns *alles lehren* und *in die ganze Wahrheit führen* wird; und auch, dass er uns *an alles erinnern* wird, was er, Jesus, gesagt hat. Wie ein guter Berater und Anwalt also ist der Heilige Geist. Oder richtiger: wie eine Beraterin und Anwältin, denn in seiner Muttersprache hatte Jesus den Heiligen Geist »ruach« genannt, und das ist ein weibliches Wort.

Ihr kennt ihn, heißt es im Bibeltext. – Lange habe ich nicht verstanden, wie Jesus das gemeint hat. Wieso kennen wir ihn? Woher denn? Herrn Prinz kannte ich, den Rechtsanwalt, der eine Zeit lang öfter zu uns kam, als mal ein Großbauer meinen Kleinbauernvater übers Ohr hauen wollte (sonst haben Kleinbauern ja mit Anwälten wenig zu tun). Aber den Heiligen Geist? Den kannte ich immer nur dem Namen nach. Bei der Firmung, als der Bischof in unsere Pfarrgemeinde kam, würden wir ihn empfangen, hieß es. Doch davon habe ich nichts gemerkt. Es war nach der Firmung so wie vor der Firmung: Für Mathematik musste ich weiterhin viel büffeln, und beim Aufsatzschreiben waren mir auch vorher schon die Einfälle immer wie von selbst gekommen. – Bis mir eines Tages, da war ich schon über vierzig, eine Erleuchtung kam:

Könnte es etwa sein, dachte ich, dass immer dann, wenn ich mich von einer *Wahrheit* angesprochen fühle, der Heilige Geist am Werke ist? Es heißt doch in der Bibel (siehe oben), dass er uns *alles lehren* und *in die ganze Wahrheit führen* wird. Könnte es also sein, dass jedes Mal, wenn mich eine *Wahrheit* »anspricht« – ein bestimmter Gedanke, ein Wort oder eine Idee –, der Heilige Geist zu mir spricht? Könnte es Jesus so gemeint haben? Dann wäre das mit dem Heiligen Anwalt und der Heiligen Beraterin ja eine ganz konkrete Angelegenheit ...

Ich hab's einfach mal ausprobiert. Ich habe einfach mal damit angefangen, drauf zu achten, wie das denn ist, wenn mir so etwas geschieht.

Zuerst fiel mir auf, dass der Spruch auf unserem Tagesabreißkalender mir manchmal gar nichts sagt, mir manchmal nicht viel sagt – und manchmal wie eigens für mich hingeschrieben scheint! Ist das dann der Heilige Geist, der mich durch diesen Kalenderspruch *lehren* will?, fragte ich mich. Jedenfalls wusste ich in solchen Fällen ganz genau: Ich müsste den Spruch mal an mich heranlassen, mal ein bisschen darüber nachdenken ... Würde ich das tun, wäre es irgendwie gut für mich. Ich käme dann ein Stück weiter in den Überlegungen, die mir gerade durch den Kopf gehen, oder: Ich würde dann die Probleme, in denen ich stecke, von einer anderen Seite her betrachten können; vielleicht sogar eine Entscheidung, die ich gerade treffen wollte, nochmal bedenken ...

Ich erzähle mal ein Beispiel. Da war ich gerade dabei, zu einem unserer Mitarbeiter zu gehen; ich wollte ihn gehörig zusammenstauchen, weil er eine Arbeit schlecht gemacht hatte. Auf dem Weg zu ihm komme ich am Abreißkalender vorbei, der in unserem Kloster-Gästehaus hängt, und lese diesen Kalenderspruch: »Die Fehler anderer verzeih, die eigenen korrigiere!« Das saß! Ich wusste sofort: Was da steht, ist wahr – und ich bin gemeint. Ich hab dem Mitarbeiter natürlich trotzdem die Meinung gegeigt, aber in einer anderen Tonart ...

Ähnliches habe ich dann immer häufiger beobachtet. Zum Beispiel beim Bücherlesen: Ich lese und lese und denke: »Na ja, das reißt mich nicht gerade vom Hocker ...« – und dann, auf Seite 63 unten: drei Sätze, die mich ganz stark ansprechen! Schnell streiche ich mir die Stelle an. Da steht ein Gedanke, der mich mächtig zum Nachdenken bringt. Wie eigens für mich hingeschrieben ... Oder: Ich bin mit jemandem im Gespräch. »Von dem, was er sagt, wird wieder die Hälfte Blech sein«, denke ich noch; und dann sagt er plötzlich einen Satz, und ich weiß: Der Kerl hat Recht! Ich tu' natürlich so, als ob nichts ist, aber hinterher, wenn er wieder weg ist, da denke ich drüber nach. Er hat eine *Wahrheit* ausgesprochen, die mich etwas *lehren* kann oder mich an etwas Wichtiges *erinnert*, das mir völlig weggerutscht war ...

Inzwischen bin ich mir ganz sicher: Hinter solchen Erfahrungen steckt der Heilige Geist! Jesus hat damals wirklich nicht zu viel versprochen. Sein Heiliger Anwalt ist wirklich da, und der ist eine ausgezeichnete Beraterin. Man muss bloß hinhören.

Und seitdem rede ich nicht mehr die ganze Zeit, wenn ich bete. Wenn ich Jesus und seinem Abba von meinen Sorgen und von den Sorgen der Leute erzählt habe, höre ich auf mit Reden. Manchmal nehme ich mir dann den Text aus der Bibel, der an dem Tag im Gottesdienst als Evangelium dran ist, und achte beim langsamen Lesen darauf, ob da ein Gedanke drin steht, der auch mir ganz persönlich etwas in den Tag hinein mitgeben will. Und tatsächlich: Es ist erstaunlich, an was mich der Heilige Anwalt dabei alles *erinnert*! Ein andermal bin ich auch einfach nur still – und dann kommen mir Gedanken ... wie Eingebungen oder Erleuchtungen! ...

Jedenfalls, das eine weiß ich heute: Mit Jesus ins Gespräch kommen, das ist nicht bloß selbst reden. Das wäre ja auch kein Gespräch, sondern der reine Monolog. Nein, Jesus und sein Abba reden auch! Durch ihren Heiligen Anwalt gewissermaßen. Nur nicht so lautstark, wie wir das zum Beispiel aus den Gesprächen mit unserem Nachbarn über den Zaun hinweg gewohnt sind, und überhaupt: Sie reden nicht einfach nur Wörter. Sie »reden« *Wahrheit*. Durch Wahrheiten, die uns was angehen. Ganz gleich, woher sie kommen, ob vom Kalenderblatt, aus einem Buch, aus dem Mund eines anderen Menschen, in der Stille aus dem eigenen Innern, aus einem Bild, einem Lied oder einer Melodie ... Die tiefsten und anregendsten Wahrheiten kommen, meiner Erfahrung nach, aus der Bibel; und die wenigsten aus Predigten in Kirchendeutsch.

Was der göttliche Anwalt lehrt, geht direkt ins Herz hinein, dort hinein, wo wir fühlen und denken. Fühlen und denken müssen wir natürlich selbst. Hören sowieso. Gott schickt die Feuerwehr, aber wir müssen sie reinlassen ins Haus und ihr bei ihrer Arbeit tatkräftig behilflich sein. Dann wird die Gebetszeit wirklich ein Gespräch, ein hochinteressantes! Man lernt was dabei – fürs Leben!

Weil das alles für mich so wichtig und wertvoll geworden ist, habe ich mir vor ein paar Jahren ungefähr zehn Vorträge darüber ausgedacht und sie schon mehrmals als Exerzitienkurs angeboten. Für Städter und für Dorfleute, für beide natürlich. Der Exerzitienkurs heißt: »Nichts ohne meinen Anwalt!«, und er ist immer sehr gut besucht. Auch Herr S. ist gleich beim ersten Mal mit dabei gewesen – obwohl er in dem Jahr schon an drei anderen Kursen teilgenommen und eigentlich für einen weiteren gar keine Urlaubstage mehr hatte. Aber einen Kurs mit diesem Thema, sagte er, könne er sich ja als »fachliche Weiterbildung« anrechnen lassen. – Kleinbauern finden immer einen Weg ...

In einem der Vorträge dieses Exerzitienkurses erzähle ich den Leuten übrigens auch, dass der Heilige Geist

wie eine Brieftaube

zu uns kommt. Vor allem die Städter staunen dann immer. Dass der Heilige Geist auf Bildern und Altären meistens als Taube dargestellt ist, das wissen sie natürlich. Aber dass es sich dabei um eine Brieftaube handelt, das wissen sie in der Regel nicht.

In den drei Evangelien, in denen von der Geisttaube die Rede ist, steht nämlich das griechische Wort *peristerá*, und das bedeutet nicht Taube (die würde auf Griechisch peleiás oder fatta heißen), sondern *Haustaube* oder *gezähmte Taube.* Und da im Zusammenhang mit dieser Haustaube von einer Botschaft erzählt wird, die sie überbringt, muss es sich selbstverständlich um eine *Haustaube* handeln, die eine Brieftaube ist! (Nur Haustauben – uns vom Lande ist das ja klar – können Brieftauben sein.) Leider haben die Bibelübersetzer diese Feinheit nie bemerkt. Sonst wären doch auch unter den Städtern zumindest die Taubenzüchter längst der Brieftaube auf die Spur gekommen.

Dass Haustauben als Brieftauben genutzt werden können, also zum Überbringen von Botschaften und Nachrichten, das war den Evangelisten ganz bestimmt bekannt. Im gesamten östlichen Mittelmeerraum war das bekannt, damals seit mindestens zweitausend Jahren schon. Von ihrem heimatlichen Taubenschlag aus wurden die Tauben in einem Käfig mit auf Reisen genommen, und wenn der Reisende Nachricht geben wollte, dass er an seinem Ziel gut angekommen war, oder wenn er der Geliebten zu Hause einen Gruß schicken wollte, befestigte er ein Zettelchen am Fuß der Taube und ließ die Taube frei. Schnell flog sie – bis zu 1400 Kilometer weit – zu ihrem Schlag zurück, und die Daheimgebliebenen nahmen ihr das Zettelchen ab. Nur Haustauben, also Tauben, die einen festen Heimatschlag haben, sind für ein solches Luftpostunternehmen geeignet.

Und da selbst die alten Ägypter und die Menschen in den umliegenden Ländern wussten, dass die Götter manchmal Botschaften schicken, galt die Brieftaube schon lange als ein heiliges Symboltier. Die Evangelisten hatten daran nur anzuknüpfen brauchen, und so wurde die Brieftaube auch zum Symbol des Heiligen Geistes. – Das hat übrigens eine katholische Theologieprofessorin aus der Schweiz herausgefunden. Sie heißt Silvia Schroer und lehrt Altes Testament an der Evangelisch-theologischen Fakultät der Universität Bern.

Der Text, in dem im Neuen Testament von der Geisttaube die Rede ist, steht im Markusevangelium. Matthäus und Lukas haben ihn daraus mit kleinen Änderungen übernommen. In der Formulierung des Markus (1. Kapitel) lautet der Text – nach der EINHEITSÜBERSETZUNG – so:

In jenen Tagen kam Jesus aus Nazaret in Galiläa und ließ sich von Johannes im Jordan taufen.

Und als er aus dem Wasser stieg, sah er, dass der Himmel sich öffnete und der Geist wie eine Taube auf ihn herabkam. Und eine Stimme aus dem Himmel sprach: Du bist mein geliebter Sohn, an dir habe ich Gefallen gefunden.

Meine Zuhörer in den Bibelseminaren und Exerzitien weise ich immer als Erstes darauf hin, dass hier nicht »Taube«, sondern *Haustaube* steht, und dass es im Text nicht heißt, die Haustaube kam auf ihn herab, sondern *der Geist* kam auf ihn herab – und zwar nicht »als« Taube, sondern *wie* eine Taube!

Die Taube ist für Markus ein Bild, und durch die Frau Theologieprofessorin wissen wir, wo er dieses uralte Bild herhatte. Er vergleicht also den Heiligen Geist mit einer Taube – er sagt nicht, der Heilige Geist sei eine Taube.

Doch! Darauf muss man die Leute hinweisen! Denn manche denken tatsächlich, der Heilige Geist habe die Gestalt einer Taube. Schuld an diesem Missverständnis sind nicht die Leute selbst. Auch nicht die Bildermaler. Schuld daran ist auch Lukas nicht, obwohl er den Markustext an dieser Stelle nicht unerheblich verändert hat: Er hat nämlich vor *wie eine Taube* noch die griechischen Worte *somatikó eídei* eingefügt. Martin Luther hat das so übersetzt: ... *und der heilige Geist fuhr hernieder auf ihn in leiblicher Gestalt wie eine Taube.* Die Worte *somatikó eídei* hat der Reformator also mit »in leiblicher Gestalt« wiedergegeben. Aber immerhin: *wie* eine Taube, schreibt er; es bleibt somit für die evangelischen Christen kenntlich, dass die Taube ein Bild ist. – Bei uns Katholischen ist das anders, wir hören in unseren Gottesdiensten den Text aus der EINHEITSÜBERSETZUNG, und darin heißt es: ... *und der Heilige Geist kam sichtbar in Gestalt einer Taube auf ihn herab.* Das Wörtchen *wie* haben unsere Experten ganz unterschlagen, die Worte *somatikó eídei* mit »sichtbar« übersetzt und dann die ganze Grammatik so verdreht, dass »in Gestalt einer Taube« herauskommt. Da haben wir die Schuldigen!

Ich sehne mich zwar nicht nach dem Pauker zurück, der uns im Griechischunterricht mächtig getriezt hat, aber dafür bin ich ihm dankbar: dass er uns beigebracht hat, dass *somatikó eídei* weder »in leiblicher (sprich: körperlicher) Gestalt« noch »sichtbar in Gestalt«, sondern in deutschem Klartext so viel wie »höchstpersönlich« bedeutet. Das ergibt ja nun auch einen Sinn!

Aber wichtiger ist natürlich die Botschaft, die der Heilige Geist – also *der Heilige Geist höchstpersönlich* – überbringt. Es ist zwar eine ganz kurze Botschaft, wie die kurze Botschaft auf dem Zettelchen am Fuß einer Brieftaube eben, aber eine Botschaft, die es in sich hat. Die Evangelisten und die anderen Schreiber des Neuen Testaments haben aus diesem kleinen Zettelchen später ein ganzes Buch machen können! Das Neue Testament.

Mit seiner *Stimme aus dem Himmel*, die jeder kennt, der nicht bloß außen am Kopf, sondern auch innen im Herzen Ohren hat, sagt Gott nämlich durch den Heiligen Geist zu Jesus: *Du bist mein geliebter Sohn, an dir habe ich Gefallen gefunden.*

Das ist natürlich wieder recht gehobenes Deutsch, und in noch gehobeneres Deutsch hat Martin Luther diese wunderbare Botschaft gebracht: *Du bist mein lieber Sohn, an dir habe ich Wohlgefallen.*

Wir merken schon – die Übersetzungen treffen nicht den ursprünglichen Ton. Wenn einer eine Brieftaube mit einer Liebeserklärung losschickt, schreibt er doch nicht so hochtrabend gedrechselte Worte! Und wenn Gott, der Abba, seinem Kleinbauer gewordenen Gottessohn eine Liebesbotschaft schickt, dann doch erst recht nicht! Die griechischen Worte bedeuten wörtlich: *Du bist mein Sohn, der Geliebte, an dir habe ich Freude*!

In die Sprache der Liebe übersetzt – nicht nur mit Hilfe des griechisch-deutschen Wörterbuches, sondern wieder mit dem gerade hier so nötigen kleinen bisschen Einfühlungsvermögen –, hörte Jesus mit den Ohren seines Herzens den Abba zu sich sagen: »Du, mein Sohn, mein über alles geliebter Sohn, meine ganze Herzensfreude!«

Und diese Liebesbotschaft konnte Jesus nicht für sich behalten. Weil er wusste, dass Gott damit nicht nur ihn selbst, sondern alle Menschen meint. Er hat sie weitergesagt, Männern, Frauen und Kindern. Nicht jedem mit Worten – denn manch einer hätte solche Worte nicht verstanden. Dann aber mit seinem Blick: manchmal mit leuchtenden Augen; und manchmal tieftraurig – so tieftraurig, wie er den jungen Mann anblickte, dessen Herz noch dicker war als ein Ziegenstrick.

Aber sein Anwalt, der *erinnert* uns alle daran! Wie eine Brieftaube kommt er auf uns herab, und wer die Taube empfängt und das Zettelchen öffnet, der kann die schönste *Wahrheit* hören, in die er *uns führen* will: »Du, meine über alles geliebte Tochter; du, mein über alles geliebter Sohn – meine ganze Herzensfreude ...«

Falls ich tatsächlich irgendwann einmal ein Buch mit dem Titel

»Jesus für Heizungsinstallateure«

schreiben sollte, dann werde ich auf jeden Fall auch von diesen Erfahrungen mit dem Heiligen Anwalt und der Heiligen Brieftaube schreiben.

Meinem Freund, dem Heizungsfachmann, würde ich damit allerdings nichts Neues sagen. Wie es einem Menschen mit Kalendersprüchen gehen kann, das weiß der auch. Obwohl er religionslos ist wie die meisten in dem

Ort, in dem ich mit meinen Klosterbrüdern wohne. Und beim Bücherlesen haben er und seine Frau ebenfalls dieselbe Erfahrung gemacht wie ich. Immer wieder sind sie von einer *Wahrheit* berührt, manchmal bis tief ins Herz hinein.

Sogar von Worten aus der Bibel fühlen sie sich angesprochen, obwohl sie doch keinen Religionsunterricht hatten und nicht zur Kirche gehören; nicht einmal die Firmung haben sie empfangen! Die Bibel müsste nur, sagt mein Freund, mehr in Kleinbauernsprache geschrieben sein, oder – noch besser – in der Sprache der Heizungsinstallateure eben; ob ich sie denn bei Gelegenheit nicht mal umschreiben könnte.

Und sie wissen auch um die wichtigste Wahrheit ihres Lebens: dass sie über alles geliebt sind – er liest es in ihren Augen, sie liest es in seinen Augen ...

Bei Menschen wie diesen beiden denke ich manchmal an einen Satz aus dem Alten Testament, aus dem HOHELIED (5. Kapitel). Da sagt eine junge Frau von ihrem Geliebten: *Seine Augen sind wie Tauben* – wie Brieftauben, die ihr die Botschaft bringen: »Du bist mir unendlich kostbar ...«

Natürlich weiß mein Freund nicht, dass es der Heilige Geist ist, der durch solche Wahrheiten zu ihm spricht und durch die Augen seiner Frau. Das werde ich ihm auch nicht sagen (es sei denn, er fragt mich mal danach)! Ich werde doch Gott die Freude nicht verderben, dass er seinen Sauerteig erstmal *versteckt* – und dem Heiligen

Geist nicht die Freude, auch unerkannt zu wirken, da er doch am liebsten, wie es im Johannesevangelium (3. Kapitel) heißt, *weht, wo er will*!

Das bin ich

Die Frauen und Männer, die mit Jesus durch die Dörfer und Kleinstädte Galiläas zogen, freilich – die hatten es gut. Die waren ständig mit Jesus im Gespräch. Besonders die langen Abende müssen ihnen kostbar gewesen sein, wenn sie beim Mahl zusammensaßen mit ihrem Meister, manchmal irgendwo unter einem Baum, manchmal am Seeufer, manchmal im Haus oder im Hof eines Stadtmenschen, der sie eingeladen hatte. Ein Mahl, das war ja damals nicht das schnelle Abendessen vor der Nachrichtensendung und dem anschließenden Herumgezappe durch alle Fernsehsender. Das war zusammensein, Zeit haben miteinander, erzählen, sich erleben, sich austauschen über Gott und über die Welt ...

Einmal, da war es – jedenfalls musste es ihnen so scheinen – das letzte Mal. Das letzte Abendmahl. Sie waren mit Jesus nach Jerusalem gekommen, drei, vier Tagesmärsche vom See Gennesaret entfernt, in die Stadt des Tempels. Einige jedenfalls aus dem großen Jüngerkreis. Es war in den Tagen vor dem Pascha, einem der Hauptfeste ihres Volkes. Aller Wahrscheinlichkeit nach im Jahre 30, Anfang April. Jesus wusste an jenem Abend ganz genau: Sie werden mich festnehmen – und sie werden mich umbringen. An allen zehn Fingern konnte er sich das abzählen. Und seine Freunde, die Männer und Frauen aus Galiläa, wussten es auch. Wer so redet wie er, noch dazu hier in Jerusalem, sogar mitten auf dem Tempelplatz, der stört! Der gefährdet die Traditionen, die Bräuche, die Lehren, die Meinungen, die Politik, die öffentliche Sicherheit ... Der muss weg! Ein Anlass und ein Weg würden sich finden. – So brenzlig wie diesmal war für Jesus und seine Freunde die Lage noch nie.

Was sonst noch anders war bei diesem letzten Mahl, das steht in den vier Evangelien; in jedem etwas anders, denn keiner der Evangelienautoren war ja selbst mit dabei gewesen, damals in Jerusalem. Und es steht bei Paulus. Er hat als Erster davon geschrieben, Mitte der 50er Jahre, in seinem ersten Brief an die Christen in Korinth (11. Kapitel):

Jesus, der Herr, nahm in der Nacht, in der er ausgeliefert wurde, Brot, sprach das Dankgebet, brach das Brot und sagte: Das ist mein Leib für euch. Tut dies zu meinem Gedächtnis!

Ebenso nahm er nach dem Mahl den Kelch und sprach: Dieser Kelch ist der Neue Bund in meinem Blut. Tut dies, sooft ihr daraus trinkt, zu meinem Gedächtnis!

Er habe diesen Text schon so, wie er ihn hier wiedergibt, überliefert bekommen, vermerkt Paulus noch.

Wahrscheinlich hat er ihn, sagen die Experten, in Jerusalem gehört, einige Zeit nach seinem Damaskuserlebnis. Da hatte er die junge Jerusalemer Christengemeinde besucht, deren Kern aus dem früheren Jüngerkreis bestand; auch Petrus und Jakobus zum Beispiel waren darunter. Dort hatte Paulus erlebt, wie sie noch immer zusammenkamen und Mahl miteinander hielten – und dabei eben diese Worte sprachen und taten, was Jesus getan hatte.

Bald darauf wird Paulus dieses Mahl – begangen mit denselben Worten und denselben Gesten – auch in Antiochia erleben, in der Christengemeinde, zu der er nun etwa fünfzehn Jahre lang gehören wird. Und als er dann auf Reisen geht und in vielen griechischen Städten von Jesus und seiner Gottesbotschaft erzählt, lehrt er die Leute, dasselbe zu tun.

Um das Jahr 70 – Paulus ist inzwischen in Rom enthauptet worden – schreibt auch Markus in seinem Evangelium vom letzten Abendmahl. Ein wenig anders als Paulus, aber das Wort, mit dem Jesus das Brot brach und austeilte, ist gleich: *Das ist mein Leib.* Zum Kelch allerdings sagt Jesus hier nicht: *Dieser Kelch ist der Neue Bund in meinem Blut,* sondern, Wort für Wort aus dem Griechischen übertragen: »Das ist mein Blut des Bundes.« Gemeint ist: »mein Bundesblut«; in der griechischen Sprache, ähnlich wie zum Beispiel im Englischen, kann man nämlich nicht zwei Worte zu einem Begriff zusammenschreiben, man muss »der Stall der Ziegen«

sagen, wenn man den Ziegenstall meint. Laut Markus hat Jesus also beim Kelchreichen gesagt: *Das ist mein Bundesblut.*

Matthäus wird später die Markusversion des Kelchwortes übernehmen. Lukas aber, obwohl doch auch er das Markusevangelium kennt, wird die Paulusversion wiedergeben, also: *Dieser Kelch ist der Neue Bund in meinem Blut.* Und beide Evangelisten fügen noch ein paar – je eigene – deutende Worte hinzu. Jeder überliefert die Abendmahlsworte Jesu so, wie er sie von den Mahlfeiern in seiner eigenen Gemeinde her kannte. Was die Frühchristen damals taten, tun wir noch heute. Wir Katholischen nennen es: Heilige Messe feiern, und die sich feiner ausdrücken: Eucharistie feiern; die protestantischen Christen sagen: Abendmahl feiern.

Das letzte Abendmahl war also ganz und gar nicht, wie es am Abend vor der Hinrichtung Jesu für die Jünger den Anschein hatte, das letzte Mahl!

Und alle diese eucharistischen Mahlfeiern, von damals bis heute, sind nicht etwa Zusammenkünfte ohne Jesus! Oder nur Erinnerungsfeiern an Jesus damals. Dass er dabei ist, wenn wir sein Mahl feiern – auch heute –, das hat er ja durch seine Worte und Gesten beim »letzten« Abendmahl deutlich gemacht! Er hat ein Brot genommen, hat es gebrochen und hat allen im Kreis ein Stück davon gegeben.

Das ist mein Leib, hat er dabei gesagt; so jedenfalls geben Paulus und die Evangelisten seine Worte wieder.

Übersetzen wir uns die Worte der Bibel wieder in die Kleinbauernsprache Jesu zurück, dann hat er, so stelle ich mir vor, ungefähr so gesprochen:

»Wenn die mich umbringen«, hat er gesagt, »und ihr mich nicht mehr seht, wenn ihr das nächste Mal zusammen seid, dann macht das, was ich jetzt tue, auch: Nehmt das Brot, brecht es, teilt es aus und esst alle davon – das soll euch das heilige Zeichen sein: Ich bin da, wirklich da, mitten unter euch, immer noch und für alle Zeiten. Denn die kriegen mich nicht tot! Mein Abba wird mich aufwecken aus dem Totsein, und dann werde ich – wie er selbst – bei euch sein, als der Auferstandene, wirklich ich, ganz lebendig!«

Das ist mein Leib, das meint ja nicht: Das ist mein Körper. Das griechische Wort *soma*, das seit alters her mit »Leib« übersetzt wird, ist ein »Ganzheitsbegriff«, mit dem früher »die personale Identität« ausgedrückt wurde, sagen uns die Bibelexperten. Zum Beispiel die aus Würzburg, von der katholischen Fakultät. Die haben nämlich im Jahr der Eucharistie (2004/2005) sehr lehrreiche Vorträge über das Altarssakrament gehalten und diese dann in einem Buch veröffentlicht; es heißt MEHR ALS BROT UND WEIN, und der Bischof von Würzburg hat ein sehr schönes Geleitwort hineingeschrieben.

Soma bedeutet im Brotwort Jesu, so sagen sie, »ich in Person«, der auferstandene Jesus in Person. – Uns ist das ja alles schon von dem gleichstämmigen Wort *somatikó* her bekannt, mit dem Lukas über den Heiligen Geist gesprochen hat, und wir liegen völlig richtig, wenn wir übersetzen: »Das bin ich, ich höchstpersönlich.«

Übrigens, unser Papst Benedikt, der ein ganz besonders gelehrter Theologe ist, hat 1999 in seinem Buch DER GEIST DER LITURGIE genau dasselbe geschrieben wie seine jungen Theologenkollegen aus Würzburg, und noch dazu in gut verständlichem Deutsch. »Der ganze Christus ist da«, schreibt er, und zwar »als der Auferstandene«. »Eucharistie empfangen«, schreibt er weiter, »heißt: nicht eine ›sachhafte‹ Gabe essen« – also nicht nur etwas von Jesus, seinen Körper und sein Blut –, sondern »das Ineinandertreten von Person zu Person geschieht hier.«

Wenn also der Pfarrer oder die Frau Pastorin am Altar sagt: »Das ist mein Leib«, dann müssen wir Kleinbauern, die eine klare, eindeutige und unmissverständliche Sprache lieben, uns denken, dass in diesem Moment Jesus selbst zu uns redet und zu uns sagt: »Ich, der auferstandene, lebendige Jesus bin bei euch, ich höchstpersönlich! Ihr könnt mit mir reden, wie die Jünger damals in Galiläa und Jerusalem ...«

Zum Kelch mit dem Wein heißt es in unseren Gottesdiensten: »Das ist mein Blut.« So steht es, ganz genau genommen, aber nicht in der Bibel, in keiner der vier Überlieferungen. Es ist eine verkürzte Wiedergabe der Worte Jesu aus dem Markus- und dem Matthäusevangelium, wo sie ja, Wort für Wort übertragen, lauten: »Das ist mein Blut des Bundes.« Leider hat man in früheren Jahrhunderten mal »des Bundes« weggelassen, und dadurch wurde das Kelchwort Jesu missverständlich. Denn da könnte man ja denken, Jesus würde uns das Blut, das durch die Adern seines Körpers floss, zu trinken geben. Aber das hat er nun wirklich nicht gemeint! Nein, Jesus hatte gesagt, laut Markus und Matthäus: *Das ist mein Bundesblut*, und laut Paulus und Lukas: *Dieser Kelch ist der Neue Bund in meinem Blut*. Um den »Bund« ging es ihm also, als er am Abend seiner Gefangennahme den Kelch an alle reichte. Der »Bund«,

das ist der Freundschafts- und Liebesbund Gottes

mit seinem Volk Israel. Ein Bund wie zwischen einem *Bräutigam* und seiner *Jungfrau* (Jesaja, 60. Kapitel, wir erinnern uns). Das wussten sie damals alle im Abendmahlssaal.

Aber sie wussten auch, dass viele in ihrem jüdischen Volk in der Angst lebten, Gott könnte seinen Bund mit ihnen aufkündigen – weil sie ihrerseits nämlich diesen Bund immer wieder gebrochen hatten; weil sie Gott einen guten Mann sein ließen und sich so oft nicht um ihn, ja nicht einmal um seine »Bundesregeln«, die zehn Gebote, scherten! Also aus der Sicht der Leute eine ganz verständliche Angst! Und Johannes der Täufer hatte ihre Angst noch geschürt, gerade erst vor kurzer Zeit. Er hatte den Leuten – Städtern wie Dorfleuten – kräftig ins Gewissen geredet und dem ganzen Volk das *Zorngericht* Gottes angedroht (nachzulesen bei Matthäus und Lukas, jeweils im 3. Kapitel).

Doch Jesus hatte, das wussten sie im Saal, ganz anders als Johannes geredet. Er hatte ihnen gesagt: »Gott wird seinerseits den Bund mit euch niemals aufkündigen! Trotz allem nicht! Nie wird er euch aufgeben und fallen lassen! Sein Bund ist immer ein ›neuer‹, frischer, ein für immer bestehender Bund!« Immer und immer wieder hatte ihnen Jesus das gesagt! Es gehörte ja zum Kern seiner Frohbotschaft!

Und nun reicht er an jenem Abend seinen Kelch mit dem Wein herum – seinen Kelch, seinen eigenen, obwohl doch jeder selbst einen vor sich stehen hat. Und alle trinken daraus. Dabei sagt er: *Dieser Kelch ist der Neue Bund* ... Nicht sein Blut mit der Blutgruppe XY meint er also, sondern den immer »neuen«, den für immer bestehenden Liebesbund Gottes mit uns Menschen.

Und nicht nur durch das, was er sagte, sondern zugleich auch durch das, was er tat, machte er das klar. Gemeinsam aus demselben Becher trinken, das tut man doch nur mit Leuten, die man gern hat und mit denen man sehr vertraut ist. Bauern, wahrscheinlich auch viele Städter, wissen das; auch bei uns zu Hause haben wir meistens aus derselben Schüssel gegessen! Nur wenn Besuch mit am Tisch saß, dann natürlich nicht. »So wie ich jetzt mit euch aus demselben Becher trinke«, will Jesus also sagen, »so trinkt Gott mit euch aus demselben Becher. Weil er euch Freund bleibt! Für immer.«

Wenn Jesus noch dazusagt: *in meinem Blut*, dann mögen das die Jünger an jenem Abend in Jerusalem ja vielleicht nicht gleich verstanden haben. Aber ein paar Tage später, da haben sie es verstanden! Da war ihnen klar, was Jesus meinte, nämlich: »Dass Gottes Bund mit euch immer ›neu‹ bleibt, dafür stehe ich ein. Mit meinem Blut!« – Schon am nächsten Tag war diese Zusicherung wahr geworden ...

Oder falls er es so gesagt hat, wie Markus und Matthäus es überliefern – *das ist mein Bundesblut* –, dann haben sie, die ja alle Juden waren, das ebenfalls verstanden. Das Wort »Bundesblut« kannten sie doch. Und in den Tagen vor dem Paschafest, an dem man alljährlich an den Bundesschluss am Sinai dachte, wird vom »Bundesblut« sowieso oft die Rede gewesen sein. Durch Besprengung mit dem *Bundesblut* (so steht es im 2. Buch Mose, 24. Kapitel) hatte Mose doch einst am Sinai den Bund zwischen Gott und dem Volk Israel besiegelt!

Das mit dem »Bundesblut« war nämlich ein alter Brauch bei den Nomadenvölkern gewesen: Wenn ein Jakob einem Josef zum Beispiel einen Teil seiner Schafherde oder seine jungen Esel verkaufte, dann schlachteten sie ein Lamm, verbrannten zum Dank für den zustande gekommenen Handel das Fleisch auf einem Opferaltar, und mit dem Blut des Opfertieres besiegelten sie den Kaufvertrag, indem jeder der beiden Vertragspartner damit besprengt wurde. Das klingt nicht gerade appetitlich in unseren Ohren, aber das war nun einmal in den Zeiten so, als es noch keine Vertragspapiere mit Unterschrift und Stempel gab.

Und Mose hatte es dann auch so gemacht, als der Bundesvertrag am Sinai zustande kam: Er bespritzte mit dem Blut von Opfertieren die Leute und – weil man Gott selbst ja schlecht besprengen kann – stellvertretend für Gott einen Opferaltar. Damit war dann der Bund zwischen Gott und dem Volk besiegelt, also unterzeichnet und abgestempelt. Das, wie gesagt, wussten sie alle im Abendmahlssaal, als Jesus sagte: *Das ist mein Bundesblut.*

»Dieser Bund aus uralter Zeit bleibt von Gottes Seite her immer bestehen«, hatte Jesus ihnen so oft schon gesagt, und nun, bei diesem »letzten« Zusammensein, machte er ihnen das noch einmal durch seine Kelchgeste klar. »Trinkt alle mit mir aus diesem einen Kelch!«, sagte er dabei. »Das soll euch das heilige Zeichen sein, dass Gott euch treu bleibt. Ab jetzt soll dieser Kelch, aus dem ihr gemeinsam trinkt, das Siegel sein. Das Siegel unter den immer ›neu‹ bleibenden Bund Gottes mit euch!«

Auch dieses Wort werden die Jüngerinnen und Jünger nach dem Karfreitag noch viel tiefer verstanden haben: Sein eigenes Blutvergießen, sein Stehen zu dieser Frohbotschaft vom immer bestehenden Freundschaftsbund Gottes, ist zum eigentlichen Siegel, zum eigentlichen »Bundesblut« geworden.

Das alles, was ich hier über das Kelchwort schreibe, steht auch in dem Buch der Würzburger Theologen. Nur haben die das natürlich viel gelehrter ausgedrückt – hochgradig gelehrt! Papst Benedikt hat mal geschrieben, als er noch Theologieprofessor in Tübingen und in Rom Konzilsberater war, man müsse die Glaubenssprache »verheutigen«. Das haben die Würzburger Gelehrten getan. Aber wenn ihnen der Papst doch auch noch sagen könnte, dass man die Glaubenssprache selbstverständlich auch »verkleinbauernsprachlichen« muss! Gerade bei etwas so Wichtigem wie dem Altarssakrament!

Wenn also der Pfarrer die Kelchworte spricht, und wenn er dann bei der Kommunion aus dem Kelch trinkt und manchmal, bei besonderen Anlässen, alle daraus trinken; oder wenn die Pfarrerin allen, die nach vorn zum Altar kommen, den Kelch reicht, dann sagt der auferstandene, lebendig anwesende Jesus zu uns: »Ich bin da, wirklich bei euch. Und dieser Kelch mit dem Wein ist das heilige Zeichen für das Schönste, was ich euch damals zu sagen hatte und heute zu sagen habe: Ihr seid meinem Abba und mir unendlich viel wert! Und dabei wird es immer bleiben!« – Dann können wir ihm antworten: »Ja, und diese schönste Wahrheit unseres Lebens hast du mit deinem Blut besiegelt ...«

Man kann in sehr tiefe Gespräche kommen mit Jesus. Und in besonders tiefe beim Mahl mit ihm ... Das hat er selbst so gewollt, denn er hat ja damals in Jerusalem noch dazu gesagt: »Macht das, wenn ihr wieder zum

Mahl zusammen seid, auch so mit dem Brot und mit dem Kelch. Und dann

denkt tief im Herzen an mich!

Denkt daran, dass ich bei euch bin!« So hat er es, stelle ich mir vor, in seiner Kleinbauernsprache gesagt. Paulus hat das natürlich wieder in etwas gehobenerer Städtersprache überliefert: *Tut dies zu meinem Gedächtnis*! Auch Lukas gibt es später so wieder.

Wenn wir diesen Satz in den Gottesdiensten hören, dann denken wir wahrscheinlich, wir sollen zurückdenken, zurück an Jesus, an den Abendmahlssaal und an alles, was davor war und danach war, damals. Das ist bestimmt auch nicht verkehrt, das können wir durchaus machen. Sollten wir auch!

Aber Jesus hat es noch anders gemeint. Und Paulus und Lukas auch. Ihr griechisches Wort *anamnesis*, das immer mit »Gedächtnis« übersetzt wird, meint eigentlich »Gedenken«. Das schreiben auch die Würzburger Experten; »gedenken«, so sagen sie, bedeutet: »an die persönliche Gegenwart des Verstorbenen denken«. Beim Gedenken geht man mit den Gedanken nicht bloß zurück in die Vergangenheit, sondern man denkt daran, dass der, an den man denkt, jetzt da ist! Jetzt! Bloß anders, als er damals da war. Eben als der von Gott Aufgeweckte, der jetzt so da ist, wie Gott da ist.

Augustinus, der große Kirchenlehrer, hat der Fähigkeit, zu gedenken, sogar einen eigenen Platz im menschlichen Herzen zugeordnet. In seiner lateinischen Muttersprache nannte er diesen inneren Gedenkplatz die »memoria«. Sie aufzusuchen und dort des auferstandenen Jesus zu gedenken, heißt auf Lateinisch »commemoratio«. Wenn der katholische Pfarrer die Messe mal lateinisch feiert, begegnet uns diese Vokabel. *Tut dies zu meinem Gedächtnis!* heißt nämlich auf Lateinisch: »Hoc facite in meam commemorationem!«

Wie man das macht, das *Gedenken* an dem inneren Gedenkplatz, die »commemoratio« also – nun, das wissen wir schon aus dem ganz normalen Leben. Ich bringe mal ein Beispiel:

Kleinbäuerin Paula ist für mehrere Tage in eine große Stadt gefahren. Da sitzt sie nun abends nach der Schulung, zu der sie in die Stadt musste, in ihrem Hotelzimmer und denkt an ihren Kleinbauernehemann Paul. Da denkt sie doch nicht bloß an gestern zurück, als sie noch zu Hause bei ihm war; da denkt sie auch nicht bloß mal so flüchtig mit dem Kopf daran, dass der sich jetzt die vorgekochte Kartoffelsuppe aufwärmen muss. Nein, da setzt sie sich hin, ist ganz still, macht die Augen zu und sieht und fühlt ihren Paul in ihrem Herzen. Sie ist, ganz tief im Herzen, richtig mit ihm zusammen und kann sogar mit ihm reden ... – Das ist *gedenken.*

Oder noch ein anderes Beispiel. In unsere Klosterkirche kommt ziemlich oft ein Mann aus der nahe gelegenen Hauptstadt Berlin. Der setzt sich in die Kirche und sitzt da einfach so da, meistens über eine Stunde lang. Einmal haben wir, als er wieder aus der Kirche kam, ein paar Worte miteinander gewechselt.

»Wissen Sie«, sagte er zu mir, »ich bin nicht kirchlich. Aber ich komme gern hierher in Ihre Kirche, weil ich hier so gut und ungestört an meine verstorbene Frau denken kann. Wenn ich da so dasitze, ist sie richtig bei mir in meinem Herzen, und wir können miteinander reden, sogar besser und tiefer als früher, als sie noch lebte. Oder wir sind in meinem Herzen einfach zusammen, ohne groß zu reden ...«

Und dann hat der Mann aus Berlin noch gesagt: »Ich habe früher nicht an ein Leben nach dem Tod geglaubt, und an Gott auch nicht. Sie wissen ja, wie das so war zu DDR-Zeiten, da hat man sich ja mit so was nicht beschäftigt. Aber wenn ich hier in Ihrer Kirche sitze und innerlich mit meiner Frau zusammen bin, dann denke ich: Das bilde ich mir doch nicht bloß ein, meine Christa ist wirklich da ...«

Ehrlich: Von diesem Mann, der nicht mal katholisch ist, von dem hab ich über *Tut dies zu meinem Gedächtnis!* mehr gelernt als aus allen Büchern! So gut wie der konnten mir das in ihren Schriften nicht mal der heilige Augustinus und unser Papst Benedikt erklären ...

Manchmal ist es freilich gar nicht so leicht, im Gottesdienst an Jesus zu denken. Nicht bloß deshalb, weil man sich die Worte *Tut dies zu meinem Gedächtnis!* immer erst in verständliches Kleinbauerndeutsch übersetzen muss. Auch deshalb, weil einem ja keiner

mal ein bisschen Stille

lässt zum *Gedenken*! Kaum hat der Pfarrer die Abendmahlsworte gesagt, da geht's auch schon weiter mit den vielen Worten. Vorher war schon kein Moment Ruhe und danach auch nicht. Ein Lied nach dem anderen, und dazwischen, immer in erhabenem Kirchendeutsch, Worte, Worte, Worte ... – die man vielleicht noch nicht einmal akustisch verstehen kann, weil da gerade eine junge Mutti ganz stolz ihren Einjährigen ermuntert, noch ein paar weitere Strophen seiner eigenen Choräle durch die Kirche zu schmettern.

Die letzten Sätze (ab: Manchmal ist es ...) müsste ich eigentlich in wörtliche Rede setzen. Denn so oder so ähnlich habe ich schon sehr oft Leute klagen gehört. Exerzitien- und Seminarteilnehmer, die aus allen Teilen Deutschlands kommen, katholische wie auch evangelische, und Stadtmenschen wie Dorfleute. Es scheint sich also um ein echtes, landesweites Problem zu handeln.

Was man tun kann, wenn es einen selbst betrifft, in der eigenen Gemeinde? Einfach nicht mitsingen oder Stöpsel in die Ohren stecken? Nein, das ist keine gute Idee. Woanders zum Gottesdienst gehen oder, statt die Sonntagsmesse mitzufeiern, eine »stille Messe« am Dienstag oder Donnerstag besuchen, ist – zumindest auf die Dauer – auch nicht die Lösung.

Aber eines könnten wir tun: dem Pfarrer ein Buch schenken! Das vom Papst. Hier nochmal der Titel: Joseph Ratzinger/Benedikt XVI., DER GEIST DER LITURGIE. EINE EINFÜHRUNG, Freiburg 2006. Und bei Seite 178 könnten wir gleich ein Lesezeichen einlegen, mit dem Vermerk drauf: »ab hier bis Seite 185«. Die paar Seiten schafft unser Pfarrer in zwanzig Minuten! Und wenn er dort liest, dass er gar nicht verpflichtet ist, für jeden Sonntagsgottesdienst so viele Lieder rauszusuchen, weil, wie der Papst auf Seite 184 schreibt, »auch Stille, gerade Stille, Gemeinschaft vor Gott bilden kann«, ja dass sogar »keineswegs immer der ganze Kanon (gemeint ist das Hochgebet) laut gesprochen werden muss«, dann wird ihn das mehr freuen, als wenn wir ihm schon wieder frische Eier mitgebracht oder ein Glas Leberwurst geschenkt hätten.

Über die Früchte seiner Lesestunde werden viele in der Gemeinde glücklich sein. Und Jesus, der Aufgeweckte, wird uns sehr zufrieden zulächeln. Weil er nun mit ein paar mehr Leuten ins Gespräch kommen kann bei seinem Mahl, mit etlichen mehr. Und wenn die ihm erstmal beim Mahl zuhören, werden sie bald merken, dass er auch »in der Küche, zwischen den Kochtöpfen«, ja sogar auf dem Acker und im Ziegenstall zu finden ist.

Ihr seid so wichtig!

Herr S. hat schon Recht: »Es gibt noch vieles weiterzuerzählen, was Jesus gesagt hat und was erstmal nur Kleinbauern verstehen.« Vieles! Und es ist nun einmal wahr: Dazu braucht Jesus uns, uns Kleinbauern – die Städter eingeschlossen.

Als einmal wieder *Scharen von Menschen* zu Jesus gekommen waren, um ihn zu hören, hungrige Menschen, Leute *aus Galiläa, der Dekapolis, aus Jerusalem und Judäa und aus dem Gebiet jenseits des Jordan* – Dorfleute und Stadtleute also von überall her –, *stieg Jesus auf einen Berg*; er *setzte sich*, schreibt Matthäus, und *lehrte sie*. So vieles hatte Jesus den Leuten zu sagen, dass Matthäus später aus den Überlieferungen eine lange Predigt – die Berg-Predigt – zusammenstellen konnte! Sie beginnt in seinem Evangelium am Schluss des 4. Kapitels und endet erst nach mehreren Bibelseiten mit dem Beginn des 8. Kapitels. Allein schon diese Bergpredigt enthält so viel Brot für hungrige Menschen!

Ein Wort daraus, eines wenigstens, möchte ich aufgreifen, bevor ich nun endlich zum Schluss komme mit meinem zweiten Jesus-für-Kleinbauern-Buch.

Laut Matthäus hat Jesus in der Bergpredigt nämlich etwas gesagt, was er ganz bestimmt auch uns ins Herz hinein sagen möchte. Das Wort, das ich meine, hat Matthäus so überliefert (ich übersetze es gleich ins Kleinbauerndeutsch):

»Leute, ihr alle, die ihr mir jetzt zuhört! Wisst ihr eigentlich, wie wichtig ihr seid? – Ihr seid so wichtig wie das Salz!«

So wichtig wie Salz? Ein seltsames Wort! Im Matthäusevangelium selbst klingt es nicht weniger seltsam: *Ihr seid das Salz der Erde.*

Salz? So wichtig wie Salz? – Hätte Jesus nicht sagen können, ihr seid so wichtig wie der Kaiser in Rom? Das hätten ihm die Leute *aus Galiläa, der Dekapolis, aus Jerusalem* und so weiter zwar nicht geglaubt, aber wenigstens hätten sie ihn verstanden. Oder, wenn er sie schon mit einem Nahrungsmittel vergleicht: Hätte er nicht sagen können, ihr seid so wichtig wie der Sauerteig beim Brotbacken? – Nein: »Ihr seid so wichtig wie das Salz!«

Salz – das war den Leuten damals natürlich bewusst – ist wirklich wichtig, sehr wichtig! Ohne Salz würde alles fad schmecken; würden Fleisch und Fisch nicht gepökelt und haltbar gemacht werden können; gäbe es mancherlei Heilsalbe nicht; könnten Tierhäute nicht zu Fellen für die Kleidung und zu Pergament für die heiligen Schriftrollen verarbeitet werden; würde das Feuer in den Öfen der Stadtleute, die mit Salzplatten vom Toten Meer ausgekleidet waren, weniger gut brennen und wärmen; und selbst das tägliche Sauerteigbrot wäre eine geschmacklose Kost ... Salz ist wirklich wichtig, sehr wichtig!

»Ja, und so wichtig seid ihr!«, ruft Jesus der Menschenmenge zu. – Um sicherzugehen, dass auch ich richtig verstehe, was er mit seinem Salzgleichnis sagen will, setze ich mich in Gedanken mit dazu, mitten unter die *Scharen von Menschen* dort am Berghang, ganz in der Nähe von Kafarnaum am See ...

»Ihr alle«, so höre ich ihn jetzt deutlich reden, »ihr alle, die ihr mir zuhört: Sagt weiter, was ihr von mir gelernt habt! Seid selbst so, wie ihr mich erlebt! Ich brauche euch – so, wie wir das Salz brauchen im Leben. Damit meiner Frohbotschaft die Würze nicht verloren geht; damit sie genießbar ist durch die Jahrhunderte; damit ihre Heilkraft den Verwundeten erhalten bleibt; damit ihr Feuer nicht verglüht und der Sauerteig der Liebe, den mein Abba in das Herz eines jeden hineinversteckt hat, alle auf dieser Erde zu liebevollen Menschen macht ... Ja, so wichtig seid ihr für diese hungrige Erde ...«

Und dann sagt Jesus noch etwas. Etwas so Merkwürdiges, dass ich meinen Ohren nicht traue: »Wenn das Salz aber dumm wird ...«

»... dumm«, sagt er, »wenn das Salz dumm wird«! – Zwei Frauen neben mir lachen, als sie mein ungläubiges Stirnrunzeln sehen: »Er meint uns – nicht das Salz!«, raunen sie mir zu.

»Ach, er hat sich nur versprochen!«, sage ich wirsch und will, dass sie still sind. »Er wollte sagen: wenn das Salz schal wird!«

»Nein, Salz kann doch nicht schal werden. Salz ist immer salzig, solange es Salz ist!«, erwidern sie, und an ihren Blicken sehe ich, dass ich ihnen irgendwie Leid tue mit meinem mangelnden Sachverstand in Haushaltsfragen ...

Schon sind sie wieder ganz Ohr für Jesus. Der wiederholt noch einmal, laut und deutlich, sodass es auch der Letzte am Berghang noch hören kann:

»Wenn aber das Salz dumm wird – dumm, versteht ihr?, dumm –, womit soll man dann die Erde würzen, Leute?«, und dabei schaut er uns so verschmitzt an, dass auch mir sofort klar ist: Er hat das wirklich ernst gemeint!

Die Frauen haben sich also nicht getäuscht. – Aber hat uns Matthäus das nicht ganz anders überliefert? Schnell lese ich in der Bibelausgabe nach, die ich für solche Fälle immer dabeihabe: ein Neues Testament mit dem griechischen Originaltext und der EINHEITSÜBERSETZUNG sowie dem Text der LUTHERBIBEL daneben. Dort heißt es bei Matthäus:

Wenn das Salz seinen Geschmack verliert, womit kann man es wieder salzig machen? Es taugt zu nichts mehr; es wird weggeworfen und von den Leuten zertreten.

So die EINHEITSÜBERSETZUNG. Und in der LUTHERBIBEL steht:

Wenn nun das Salz nicht mehr salzt, womit soll man salzen? Es ist zu nichts mehr nütze, als dass man es wegschüttet und lässt es von den Leuten zertreten.

Also nichts mit »dumm«! Und bei Lukas, der dasselbe Jesuswort auch überliefert hat? – Auch dort steht nichts von »dumm«! *Wenn aber das Salz*, heißt es in seinem Evangelium (14. Kapitel), *seinen Geschmack verliert, womit kann man ihm die Würze wiedergeben?* – nach Martin Luther: *Wenn aber das Salz nicht mehr salzt, womit soll man würzen?*

Und dann der griechische Text. Tatsächlich: *moranthé*, in beiden Evangelien *moranthé – wenn aber das Salz dumm wird ...*

»Nein, diese Bibelübersetzer!«, entfährt's meinen Lippen, und kleinlaut nicke ich den beiden Frauen zu: »Stimmt, ihr habt Recht gehabt ...«

Als ich dann noch bei Markus nachschlage, lese ich: *Wenn das Salz die Kraft zum Salzen verliert ...* – nach Martin Luther: *Wenn aber das Salz nicht mehr salzt ...;* wörtlich im Griechischen: *ánalon – salzlos*, hier also nicht: »*moranthé – dumm*«!

Ach Markus!, denke ich. Wer hat dir das wohl überliefert?! Wohl auch so einer wie ich, der in Haushaltsfragen dumm geblieben ist ...

Matthäus und Lukas jedenfalls sind auf Markus nicht hereingefallen! Mehr als dem Markusevangelium trauten sie der alten REDEQUELLE, in der es heißt:

Gut ist das Salz. Wenn aber das Salz dumm wird – moranthé (!) –, womit wird man würzen? Es ist weder für die Erde noch für den Misthaufen nütze, man wirft es weg.

Und die REDEQUELLE – erinnern wir uns! – stammt von Leuten aus Galiläa, der Dekapolis, aus Jerusalem und Judäa und aus dem Gebiet jenseits des Jordan ... Von Leuten, die dabei gewesen waren damals. Die mit Jesus im Gespräch geblieben sind, als sie sich seine Worte auf ihre Spickzettel notierten, um sie weiterzugeben.

Ja, Jesus, du brauchst uns. Uns alle. Wir sind dir für die vielen Menschen auf dieser Erde so wichtig wie das Salz! Nur dumm werden dürfen wir nicht. Deine Schülerinnen und Schüler müssen wir bleiben, immer lernbereit, immer im Gespräch mit dir ...

Weil es eben noch so viel weiterzuerzählen gibt von dir. Von dir, Jesus, du Kleinbauer gewordener Abba-Sohn!

Nachweis der Zitate und Verweise

S. 22 *Teresa von Ávila*, Das Buch meines Lebens (Werke Bd. 1), Freiburg i. Br. 2001, Kap. 37,5 und Kap. 8,5.

S. 23 *Teresa von Ávila*, Das Buch der Gründungen (Werke Bd. 5), Freiburg i. Br. 2007, Kap. 5,8.

S. 23 *Ulrich Dobhan*, Theresia von Ávila, in: R. Bäumer/L. Scheffszyk (Hg.), Marienlexikon, Bd. 6, St. Ottilien 1994, S. 391–392.

S. 28 *Pinchas Lapide*, Ist die Bibel richtig übersetzt?, Bd. 2, Gütersloh 1992, S. 54f.

S. 31f *Walter Bühlmann*, Wie Jesus lebte. Palästina vor 200 Jahren. Wohnen – Essen – Arbeiten – Reisen, Luzern, 4. Aufl. 2001, S. 26–28.

S. 32f *Walter Bühlmann*, a.a.O., S. 75.

S. 36 *Ruben Zimmermann* (Hg.), Kompendium der Gleichnisse Jesu, Gütersloh 2007.

S. 44 *Meister Eckehart*, Deutsche Predigten und Traktate, hg. u. übers. v. Josef Quint, München: Diogenes 1979, Predigt 16 (S. 225–228), S. 227.

S. 45 *Walter Bühlmann*, a.a.O., S. 76.

S. 70 *Rudolf Schnackenburg*, Das Johannesevangelium, III. Teil, Freiburg i. Br. 1975, S. 217.

S. 75 *Johannes vom Kreuz*, Der Geistliche Gesang (Werke Bd. 3), Freiburg i. Br. 1997, Kap. 2,8 (Cántico A).

S. 89 *Silvia Schroer*, Die Weisheit hat ihr Haus gebaut. Studien zur Gestalt der Sophia in den biblischen Schriften, Mainz 1996, S. 110–125.

S. 99 *Bernhard Heininger*, Das letzte Mahl Jesu. Rekonstruktion und Deutung, in: Winfried Haunerland (Hg.), Mehr als Brot und Wein. Theologische Kontexte der Eucharistie, Würzburg 2005, S. 10–47.

S. 100 *Joseph Ratzinger/Benedikt XVI.*, Der Geist der Liturgie. Eine Einführung, Freiburg i. Br. 2006, S. 77.

Inhalt

Vom Hunger der Menschen nach Kleinbauernbrot . 7
Gebt ihr ihnen zu essen! 14
»Jesus für Jungfrauen – und solche, die es werden wollen« 16
Mirjam 22
Ein Ziegenstrick passt nicht durchs Nadelöhr . . . 26
Jeschuas Bäckerlehre 30
Wenn die Brotsauersäure den Mehlteig durchgärt . 33
Gar nicht gute Geister 41
Man glaubt ja gar nicht 44
Reiche Ernte, aber zu wenig Arbeiter! 47
Einmal Kleinbauer – auf ewig Kleinbauer 52
Ihr irrt euch sehr! 54
Mit Abraham, Isaak, Jakob, Paula und Emil 58
Wenn es Gott gäbe – was Gott verhüten möge! –, dann 61

Eine »allumfassende Energie« oder so 65
»Eins sein« meint etwas ganz anderes 68
Mit Jesus ins Gespräch kommen 71
Bitte ein paar Flaschen Spätlese! 73
Das Gleichnis vom glücklichen Tagelöhner 79
Nichts ohne meinen Anwalt! 82
Wie eine Brieftaube 88
»Jesus für Heizungsinstallateure« 93
Das bin ich 95
Das ist der Freundschafts- und Liebesbund Gottes 101
Denkt tief im Herzen an mich! 106
Mal ein bisschen Stille 109
Ihr seid so wichtig! 111

Nachweis der Zitate und Verweise 118

Reinhard Körner

Jesus für Kleinbauern

und solche, die es werden wollen

123 Seiten, broschiert

ISBN 978-3-89680-368-9

Ein Buch für den „Kleinbauern“ in jedem Menschen

Jesus, davon ist Pater Reinhard Körner überzeugt, spricht den „Kleinbauern“ in uns allen an: den Menschen, der erdverbunden, geradeheraus und authentisch leben möchte, mit Herz und Verstand in der Tiefe verwurzelt und ausgestreckt in die Höhe und Weite des Himmels.

Die Zeit ist reif, Jesus, dem wunderbarsten Kleinbauern der Welt, noch einmal mit den Ohren der Leute aus Galiläa zuzuhören. Gerade sie, die einfachen Leute vom Lande, haben ihn verstanden, seinen tiefen Ernst, sein Augenzwinkern und sein herzliches Lachen.

Pater Reinhard Körner stellt sich unter die einfachen Leute am See Gennesaret und lauscht wie sie den Gleichnissen Jesu. Er lässt sich wie sie beeindrucken von der Lebensnähe sowie vom Humor des Rabbi aus Nazareth und sich begeistern von der Idee des Reiches Gottes. Und er merkt plötzlich, dass dessen Frohbotschaft in den zurückliegenden Jahrhunderten verfälscht und häufig zu einer Drohbotschaft wurde.

Schuld daran sind, so die These von Reinhard Körner, vor allem die Städter, die von der Lebensweise auf dem Lande keinen blassen Schimmer haben. Es wird also höchste Zeit, selbst zum Kleinbauern zu werden …

Vier-Türme-Verlag, 97359 Abtei Münsterschwarzach
Telefon 09324 / 20 292, Telefax 09324 / 20 495
Bestellmail: info@vier-tuerme.de
www.vier-tuerme-verlag.de

Margareta Gruber, Georg Steins

Mit Gott fangen die Schwierigkeiten erst an

97 Seiten, broschiert
ISBN 978-3-87868-647-7

Was, wenn Gott da ist?

Jemand hat einmal treffend bemerkt: Ob Gott existiert oder nicht – das ist nicht das größte Problem. Die Schwierigkeiten fangen erst an, wenn es Gott tatsächlich gibt: Denn Gott ist keine beruhigende Antwort auf unsere Fragen, sondern eine ständige Herausforderung. Wer könnte sich da zurücklehnen?

Die Bibel weiß ein Lied zu singen von den Schwierigkeiten der Menschen mit Gott. Es sind die Geschichten einer langen und komplizierten Beziehung, ein Drama, wie es das Leben – unser Leben – schreibt.

Vier-Türme-Verlag, 97359 Abtei Münsterschwarzach
Telefon 09324 / 20 292, Telefax 09324 / 20 495
Bestellmail: info@vier-tuerme.de
www.vier-tuerme-verlag.de

Klaus Stefan Krieger

Was sagte Jesus wirklich?

Die Botschaft der Spruchquelle „Q“

143 Seiten, broschiert

ISBN 978-3-87868-641-5

Auf der Spurensuche nach der historischen Person Jesus

Die Bibelforschung kennt als Grundlage für das Lukas- und Matthäus-Evangelium die sogenannte Spruch- oder Redequelle „Q".

Leicht verständlich erklärt Klaus-Stefan Krieger die neuesten Erkenntnisse über den Inhalt und den geschichtlichen Hintergrund dieser Texte, eine Sammlung von Aussprüchen Jesu, die von einem internationalen Expertenteam rekonstruiert wurde.

Den Schwerpunkt des Buches bilden jedoch die Botschaft Jesu und seine Persönlichkeit vor dem Hintergrund dieser Texte. Hier stößt er auf einen Jesus, der sich selbst als Menschensohn und nicht als Sohn Gottes bezeichnet, der als Prophet und nicht als Messias auftritt.

Vor dem Hintergrund der gesellschaftlichen und politischen Situation im damaligen Israel sind die Worte Jesu radikal gesellschaftskritisch: „Jesus fordert uns klar auf, Stellung zu beziehen. Seine Worte sind ein eindeutiges Plädoyer für Gewaltfreiheit."